天使が舞い降りる村のカノア保育園

21 歳女性保育士、ブラジルの貧しい漁村に
ひとり飛び込み保育園を作る！

鈴木　真由美

サンパティック・カフェ

目次

5

はじめに

年の離れた弟が生まれた小学5年生の頃。

私はまるで自分が母親のように、あやしたり、おむつを替えたりしながら、子ども心にも「いつまでもこうしていたいなぁ〜」という願いが忘れられず、「将来は保育園の先生になろう！」と決めていました。

1997年、その夢の実現に向かってまっしぐら。保育科に進んだ私は、保育園や幼稚園、養護施設などで実習を重ねていきました。

そこで驚いたのは、実習日誌や壁画の製作、翌日の活動の準備など、想像以上の忙しさと同時に、どの保育園や幼稚園にも必ず活動に参加しない子ども、疲れ切って休んでいる子ども、寝てしまう子どもたちがいたことです。

まだ4、5歳というのに、まるで仕事で疲れたサラリーマンのように、生きる気力のない姿に衝撃を受けました。

ちょうどその頃、保育現場では「気になる子」などの言葉が使われ始めた時期でした。

どうしてだろう？　何かがおかしい！　これは日本だけ？

他の国の子どもたちも同じような状態なのだろうか？

いても立ってもいられなくなった私は、1学年の春休みを利用し、思い切って"世界の子どもたちを見に行こう！"と思い立ちました。

アメリカやヨーロッパ、北欧には、これからも行く機会があるだろう。せっかくなら、もっと違う国へ行ってみたい。

そんなとき、偶然ブラジルのサンパウロ大学に留学していた知人と出会ったのです。地球の裏側、ブラジルの保育園？　これは面白いかもしれない！

そもそも私が初めてブラジルと出会うきっかけは、高校時代の文化祭でした。私たちのクラスでは、「エイズって何だろう？」をテーマに展示会をすることになり、情報を求めて横浜AIDS市民活動センターを訪問して、エイズについて学び始めました。ちょうど、私の住んでいた横浜で「国際エイズ会議」が開催されており、その国際会議には、横浜のたくさんのNGO団体が関わっていました。
その一つに、ブラジルのファヴェーラ（スラム街）でHIV孤児院を運営している団体「CRI－チルドレンズ・リソース・インターナショナル」がありました。その団体では、ファベーラの子どもたちに、クリスマスカードや手作りの贈り物をするため、様々な職種の人たちが集まって作業しており、その魅力にひかれて、私は文化祭後も何度か参加していました。
初めて触れるブラジルという遠い国の、出会ったこともない子どもたちの話が、まるで目の前にいるかのように感じたことを思い出します。

数年後、私がブラジルに行くことを決めたとき、そのときの出会いが、ブラジルでの保育園実習先につながったのでした。
そのときはまさか、人生の長きにわたって関わっていくことになるとは、想像もしていないことでした。

夢を追いかけて

サンパウロ
ファヴェーラの保育園

ウテさんとの出会い

ウテ・クレーマーさんと私

"世界の子どもたちを見に行こう！"と決断し、地球の裏側ブラジルに飛び
立った私が行くことになったのは、サンパウロのモンチ・アズール（ポルト
ガル語で"青い山"。人口3,500人のファヴェーラ：スラム街）地区にある保
育園でした。

1970年代、多くのブラジル北東部の住民たちが、豊かな暮らしを求めてサンパウロ
へとやってきました。都市が発展していくなか、住民たちが無許可で住み着いたファ
ヴェーラでは、多くの場合、公的機関に頼ることができない状態でした。そのため、
ファヴェーラは上下水道や電気もなく、安全が脅かされており、当然、教育、医療保
険、社会福祉も整っていなかったのです。
そこで、1979年にドイツ人教育学者のウテ・クレーマー（Ute Craemer）
さんをはじめとした数名は、モンチ・アズール地区に環境の改善を求めて、
ファヴェーラの住民を交えて、モンチ・アズール・コミュニティー協会を創
設し、活動を始めたのでした。

私が行った1997年当時、既に保育園、学童教室、診療所、助産施設、木工
所、パン屋、図書館など、様々な施設が整っていました。
とはいえ、やはりファベーラ。木を切り倒した丘の斜面にベニヤで作ったよ
うな掘立小屋や、今にも崩れそうなレンガの家が建ち並び、真ん中にはどぶ
川が流れています。

サンパウロのモンチ・アズール

世界中からボランティアが集まっているこの地域では、公用語のポルトガル語だけではなく、英語、ドイツ語、イタリア語、フランス語といった様々な言語が飛び交っています。

道の真ん中では赤ちゃんから老人まで立ち話をしたり、椅子を並べて井戸端会議をしたりという、とても不思議な光景がありました。

私は、保育園で働いているリンダウバ（Lindalva）さんの家にホームステイをしながら、毎日一緒に保育園に通うことになりました。

ポルトガル語がまだ分からなかった私は、リンダウバさんに目の前で身振り手振りをしてもらい、あとで、文字が読める子どもたちに辞書を指差しながら言葉を教えてもらう、その繰り返しの日々。やっと生活にも慣れ始めた頃、３週間の保育園実習もスタートしました。

リンダウバさんと保育園に向かう初日。周りの建物はどれも同じように見えます。"置いていかれたら迷子になってしまう！"

夢中であとを追いかけながら、「あそこは２階建てだ」「あそこはベランダがある」「あそこはベニヤじゃなくてレンガだ」などを目に焼きつけ、一人になっても行けるように、保育園までの道のりを覚えるのに必死でした。

保育園の、門の前には、たくさんの子どもたちが待っていてくれました。私たちを見た途端、部屋の前にいた子どもたちも駆け寄ってきて、興味津々といった様子で、何十もの目が私に注がれました。

一歩足を踏み入れるや、見ず知らずの私を囲み、私の体に手を回し、手が届かない子も大きく手を広げ、たくさんの小さな手で抱きしめてくれました。

その小さな手から伝わる温もり、きらきらとした目の輝きを、今でも忘れることはできません。

初めてのブラジル。

「あぁ。私はここにいていいんだ」

この子どもたちから「いらっしゃい！」と歓迎してもらったと感じたのです。

驚愕の掃除

リンダウバさんには7人の子どもがいます。家族全員、家の仕事をしなければなりません。私も例外ではありませんでした。

びっくりしたのは、週に一度の掃除の日。

家の中の物を全部外に放り出して、まっさらになった床をほうきで掃きます。

私は2階から落とされた物をごみ袋に入れる役目でした。なかには上着など、どう見てもごみではない物まで投げ出されています。

これはどうするの？　と尋ねようにも言葉が通じず、いいから袋に入れて、というようなジェスチャーをされます。

あとになって「あの上着どこへやった！」と大騒ぎ。「真由美がごみ袋に入れていたよ」となって、「これがごみに見えるのか！」と怒られる始末です。

貧困の意味を突きつけられて　～極貧の中でも輝く瞳

スラム街に住み、服もボロボロ。栄養失調で、鼻水をいつもたらしている。
家族の誰かが刑務所にいるなんてことも当たり前。
そのような子どもたちとの出会いで始まった、ブラジルでの保育園実習。

保育園では、まず朝ご飯から始まります。貧しくて、家で食べられない子ど
もたちは、保育園に来ることでようやく食事にありつけるのです。
それでも彼らは毎日を楽しみ、生きている。その強さが感じられました。
その日の食事もままならない暮らしにもかかわらず、なんときらきらと輝く
目をした子どもたちなのだろう。

これまで想像もしたことのない現実に、初めて私は、恵まれているってなん
だろう？　豊かさってなんだろう？　と考え始めていました。
私が当たり前と思っていたことが、他の人の考えるものとでは大きく異なる
ことがある。そんなことにさえ、気づかずに生きていたのです。
この子どもたちや家族のことを、もっと知りたい！
それが、私が日本で感じた「気になる子どもたち」を理解していく大切な一
歩になるような気がしていました。

３週間の保育実習終え、またすぐにでもブラジルに戻ってこよう、と願った
のですが、残念ながらそれはかないませんでした。
２つの条件、「日本の保育園で経験を２年積むこと」「ポルトガル語を習得
すること」をクリアしなければならなかったのです。

エステーヴァン村へ ～いるべきところはここではない！

２年後の1999、念願のサンパウロの保育園に戻り、１年間働いたあと、引き続きここで働きたいとウテ・クレーマーさんに相談しました。

すると、彼女はきっぱりと、「あなたがいるべき場所はここではない」と告げたのです。

私のことを、もっと必要としている人たちがいるのではないか？　そこでは、あなたがやりたいと考えている、ブラジルの子どもたちの暮らし、家族との関係などに、直接取り組むことができるのではないか、と。

その場所として彼女があげたのが、小さな漁村、カノア・ケブラーダのエステーヴァン村でした。そこには、モンチ・アズールの保育園で保育士をしていたエヴァさんも、療養のために移住していました。

実は、サンパウロの保育園で働く前に、ブラジルにどっぷり浸かろうと、エステーヴァン村に１ヵ月だけ滞在していたことがあったのです。

国名：ブラジル連邦共和国
　　　(República Federativa do Brasil)
面積：851.2万平方キロメートル
　　　(日本の22.5倍)
人口：約2億947万人 (2018、世銀)
首都：ブラジリア
言語：ポルトガル語
通貨：レアル (約20円)
宗教：カトリック (約65%)
　　　プロテスタント (約22%)
　　　無宗教 (約8%)
　　　(ブラジル地理統計院, 2010年)

フォルタレーザ

(カノア・ケブラーダ)
エステーヴァン村

アラカチ

セアラ州

フォルタレーザ

レシーフェ

☆ ブラジリア

サンパウロ

リオデジャネイロ

日本からブラジルまでの道のり

成田空港からロスアンジェルスまで11時間、
ロスアンジェルスからサンパウロまで12時間
の長い空の旅。
フォルタレーザはサンパウロからブラジル国
内線で約3時間半に位置する。

天使が舞い降りる村　エステーヴァン

カノアのシンボルマーク

今も鮮やかに蘇る記憶

1999年4月、セアラ州の州都フォルタレーザからカノア・ケブラーダ地区に向けて、168kmの道のりをバスに乗った私は、周りに溶け込むことだけを考え、窓の外を眺めていました。

鬱蒼とした緑の木々に囲まれ、ときに草むらや突然大きな池が出てくる人気のない道を、バスは走り続けます。村があると思われるでこぼこ道に入っては、手を振っている人がいると必ず止まり、そのたびに人が乗り降りし、また道路に戻る。それを何十回も繰り返します。

びっくりしたのは、生きている鶏の足をつかんだまま乗り込んでくる人、野菜の入ったかごを頭にのせて乗ってくる人がいたことです。

バスの中は色々な臭いが混じり合い、時折耐え切れなくなった私は、風を受けながら、息を何度も吸ったり吐いたりしていました。

バスに揺られること4時間半。ようやく終点の"カノア・ケブラーダ"に到着。バスから降り立ってまず目を奪われたのは、見渡す限り一面の砂地だったことです。

エステーヴァン村まで、なんとか一人でたどり着かなくてはなりません。道を聞くにも、まだポルトガル語が話せなかった私は、とにかく教わった通り、まっすぐに進んでいくことにしました。

観光地のカノア。バス停のあるメイン通りを歩いていくと、両側にはスーパーやレストラン、ダンスホールなどが立ち並ぶ華やかさです。

その中には普通の住居もあります。かつては、そのほとんどが漁師だったことをうかがわせる、漁に使う網、魚を入れる木の枝を組んで作った籠など、家の周りにたくさん置いてあります。

玄関先に座り、網を編んでいるおじいさんの姿がありました。

海も見えない、においもしない。周りはレストランなどお店ばかり。それなのに、漁に使う道具の手入れをしているその姿は、観光地のこの場所には似つかわしくないように思われました。

でもなぜか、おじいさんの表情はとても柔らかく、穏やかに見えました。

それらを見ながら通りを歩いていくと、突然、目の前に海が開け、潮風で髪がバサバサと揺れました。

ギラギラと照りつける日差しのなかで、私は大きく息を吸い込み、その場に呆然と立ち尽くしていました。

目の前に広がっている光景が、あまりにも美しく、この世のものとは思えないほどだったからです。

旅人たちがこの場所を、"天使が舞い降りる村"と呼んでいることをあとで知りました。

やっとの思いで、エステーヴァン村に到着すると、エヴァさんが待っており、私を見るなり強く抱きしめてくれました。

「着いたんだ……」安堵の思いでいると、小さな子どもを連れた数人のお母さんたちも、次々に私を抱擁してくれました。

その歓迎と、熱いスキンシップに、私は言葉を失くしていました。

魔女

私はこの1カ月をエヴァさんの家にホームステイしました。
その間につけられたあだ名は、「魔女（Bruxa）」。
砂丘と海に囲まれた村では、家の中にいつも砂が入ってきます。
その砂が気になる私は、いつもほうきを手に床を掃いていたのでした。
その姿を見た村人たちは、
「また真由美がほうきをもって掃いてるよ。
本当に魔女みたいだなぁ〜」と、笑うのでした。

エレナ（左）

村に着いたとき、突然現れた私を、好奇心いっぱいの目で見つめる子どもたち。

その中の一人、2歳くらいの金髪の女の子だけが、お母さんの後ろに隠れて出てきません。

照れているのかなと思った私は、その子のそばにしゃがみ、「こんにちは」とあいさつすると、突然その子は泣き出してしまいました。

「いったいどうしたのかしら？」という顔のお母さんたち。

それは私にとって、子どもに拒否されるという初めての体験でした。

ここにいる間に、なんとしてもこの女の子を笑顔にさせたい！

結局、私はその女の子、エレナの笑顔を見ることはできませんでした。

エレナは私を見ると逃げ出し、追いかければ追いかけるほど、どんどん離れていってしまいます。

ある日、エレナとばったり出会った私は「こんにちは！」と声をかけると、彼女は周りをキョロキョロと見渡し、隠れる場所がないことが分かると、目を閉じて、手を前に出しながら歩きだしたのです。「絶対に目を開けるもんか」彼女の決意は固く、その後も目を合わすことはありませんでした。

あとで聞いた話によると、彼女は私の顔が今まで見た人の誰とも違い、「これは人間ではなく宇宙人だ！　逃げないとつかまっちゃう！」と思ったそうです。

ブラジルは日系移民の多い国ですが、カノアに来るのは大半がヨーロッパの人たち。

東洋人と出会う機会がほとんどなかったエレナにとって、私は宇宙人だったのです。

生き方を決めた1ヵ月　人として生きる意味

砂丘と海に囲まれた、自然豊かな美しい場所。

"天使が舞い降りる村"とも評されるエステーヴァン村は人口300人。

もともとは3つの家族から始まった※と言われ、村人のほとんどが親戚という、大きな家族のような小さな村です。

村は一見すると、砂丘の砂でおおわれているため、乾いたような印象です。

しかし不思議なことに、たくさんの木が生えています。砂丘に上ると、その反対側には森が広がっているのが分かります。

なぜ、砂丘の上に、そしてすそ野に森があるのか。なんとも不思議な光景です。

1980年代まで物々交換で生活していたというこの村は、海の幸、山の幸が豊かで、ニワトリや山羊を飼い、畑で芋やスイカ等の果物を育てている家族もありました。

しかし観光地が発展していくに伴い、家畜を手放し、畑も耕さなくなっていきました。

※始まりの3つの家族の一人のエステーヴァンさんが村の名前の由来となった。

私が訪れたとき、この村では、まだほとんどの人が漁師として働いていました。たくましい子どもたちは、自ら海に行ってワタリガニを捕まえ、魚を釣り、森に行って木の実を食べ、果物を摘んで……と、自分や家族のために、せっせと遊びともつかぬ様子で、食材を確保していました。

夜になると月明かりの下で、おじいさんやおばあさんがたくさんのお話をしてくれます。語り継がれている伝記もあれば、自分の体験を面白おかしく話してくれるときもあります。
その姿は見ているだけでも心温まる、素敵な時間でした。
母親がいなくても、おばさんやおばあさんがその子どもを育て、叱ってくれるお父さんがいなくても、近所のおじさんやおじいさんが諭してくれる。当たり前にあるようで、あまり見ることのなくなったこの光景の中に、私は何か特別なものを感じずにはいられませんでした。

このエステーヴァン村で過ごした1ヵ月の日々は、私たちは必ず誰かと寄り添い、助け、助けられながら生きているのだということ。人は一人では生きられないということに気づかせてくれた体験となりました。

カノアへ導かれた3つの偶然

一つは、この村にナップザック一つでたどり着き、村のイレーネさんと家族同然の付き合いをしたドイツ人の助産師、アンジェラさんの存在です。
彼女は「モンチ・アズール・コミュニティー協会」の活動に賛同し、ドイツからブラジルへとやってくると、その地域に助産院を設立したのでした。
二つ目は、アンジェラさんと深く関わり、協会で保育士として働いていたエヴァさんが、療養のために選んだ場所こそ、自分の故郷にも近いこの村であったということ。
そして最後の一つ。私自身がサンパウロの保育園で、もうしばらくここで働きたいと強く願ったときにふさわしい場所として紹介されたことでした。
この3人の思いがつながり、導かれるようにこのエステーヴァン村にやってくることになったのでした。

エステーヴァン村の誕生

2つの村での異なる暮らし

カノア・ケブラーダ地区は、教会を境に2つの漁村に分かれています。

1つは 『地球の歩き方』（ダイヤモンド・ビッグ社）にも掲載されているほどの観光地『カノア・ケブラーダ』であり、もう1つは、私たちが保育園を設立することになった、『エステーヴァン村』です。

航空写真で見ると一目瞭然、まばらに家が建っている緑豊かな村と、砂丘のふもとまで家が迫っているほどたくさんの建物で埋め尽くされている村。2つの村の違いがよく分かります。その違いの理由は、1980年代の出来事にさかのぼります。

ブラジル人からも"地の果て"と言われるほど、陸の孤島のようなこの地区は、村に住んでいる人以外との関わりはほとんどありませんでした。

それが1970年代には、バックパッカーたちが、砂丘と海に囲まれたこの場所に来るために、森を抜け、砂丘を超え、海岸沿いを歩いて村を訪れるようになりました。
ほとんどがヨーロッパから来た若者たちで、彼らは真っ白な砂地の中にある村を見て、「ここは天国のようだ」と言ったそうです。
その噂が少しずつ広がり、この村を訪れる人が増えていきました。

1980年代に入ると、漁師から土地を買い、お店やレストラン、ホテルを建てる人が出てきました。このときまで物々交換で生活してきた村の人々は、お金というものを使う機会はほとんどなかったのです。文字の読み書きや計算を必要としなかった村人たちにとって、目の前に置かれた札束がどんな意味のあるものなのか、見当もつかなかったに違いありません。
こうして自分の住んでいた家を手放す人が少しずつ出てきました。

1985年。ある不動産会社の人が村を訪れ、リゾート開発計画があることを村人たちに告げました。その開発計画の対象となっている土地は、今ではエステーヴァン村と呼ばれている部分でした。
少しずつ観光地化されてきているカノア村に対し、エステーヴァン村はまだ土地の売買も手付かずの状態でした。そこに目を付けた不動産会社に手切れ金を渡され、村人たちはここを出ていかなくてはならなくなったのです。土地の権利証など持っていない彼らにとって、この村に住み続けることは不可能のことのように思えました。

しかし、このことに異を唱えた人々が立ち上がり、反対運動が起こりました。この小さな村で始まった運動は、州政府を巻き込むほどの大きな運動となっていったのでした。

1986年には、エステーヴァン村の村人たちは「エステーヴァン村住民協会※」を設立し、自分たちの村を子や孫の世代まで受け継いでいくと、訴え続けました。州政府はとうとう彼らの意思を尊重し、「特別政府保護地域」として、土地の売買を禁止したのです。

その後、この村は「環境保護地域」となり、この村の土地の管理はすべて、住民協会に委ねられることになりました。こうして保護地域となったエステーヴァン村は、観光地化の波を受けず、昔ながらの生活を続けていくこととなったのです。

しかし、観光地化の波をまったく受けずにいる……というわけにはいきせんでした。

インフラ整備は映画製作のため!?

1996年、この村を舞台とした映画『Bela Donna』（1998年）の撮影が行われるということをきっかけに、村のインフラが整備されることになりました。

クジラの油を燃料としたランプや、月明かりで生活してきた人々の家に、突然電気が通ったのです！　同時に、村の共同井戸からポンプで水を汲み上げ、各家庭に水道の蛇口が備え付けられました。

こうしたインフラの整備により、毎月の水道光熱費を現金で支払う必要に迫られた村人は、物々交換の生活から急速に貨幣経済へと足を踏み入れていくことになったのです。

そこで問題になったのが、“誰がお金を稼いでくるのか？”ということでした。

漁師が魚を売り、現金収入を得ることはできます。しかし、観光地のレストランやホテルのオーナーたちがいつも海岸で待っており、釣りたての新鮮な魚を漁師が見せると、自分たちに都合のいい値段で魚を買い取っていったのでした。

魚1匹の値打ちも分からず、現金を受け取ることだけで満足していた漁師たち。残念ながら支払いに必要なお金を得ることはできませんでした。

※エステーヴァン村住民協会：現在は自治会として土地の管理のほか、月例会を開き村の議題を取り扱う。当時はエステーヴァンさんの孫のマリアさんが代表をしていた。

そこで立ち上がったのが女性たちでした。彼女たちはレストランやホテルで掃除や洗濯、皿洗いなど日雇いの職を得て、現金収入を得るようになり、村人たちはお金と共に生きる方法を学んでいきました。

また、ブラジル国内からも高校や大学で様々な資格を取得した人たちが移住してきました。その中の教師の資格を持った人たちが、この村に小学校分校が建ったとき、子どもたちだけではなく大人に対しても、簡単な読み書き計算を教えてくれたことから、村人たちは、自分たちで魚の売値を決め、生活を立て直そうとしていきました。
こうしたリーダー的な存在となった人たちは、村をまとめ、急速に変化していく村の生活に少しでも慣れていくように手助けしていったのです。

村の漁師は夜中の2時に起きて漁へいく。近場ならばお昼の12時、遠くならば夕方に戻って来て、日が沈む19時ごろに寝る。ロブスターの解禁となる6月〜12月は活気づく。

私の22歳年上のエヴァさん。

エヴァさんの家は
子育てサロン

サンパウロのモンチ・アズールで1年働いたあと、ウテさんに勧められて、再びエステーヴァン村にやってきた私は、以前と同様にエヴァさん宅でホームステイをすることになりました。

午後3時ごろになると、午前中の仕事や家事を終えたお母さんたちが、子どもたちを連れてエヴァさんの家にやってきます。それは、エヴァさんと最初に仲良くなったイレーニさんが、コーヒーブレイクだといっては子どもたちと一緒に、エヴァさんの家を訪れたことから始まりました。
そこで昔の生活、変わりゆく今の生活への不安を語るようになったのです。
そうすると、小さな子どもを連れたお母さんたちが、少しずつ集まるようになり、そこはまるで、「子育てサロン」のようになっていきました。

いつも来るのは、イレーニさん、私を宇宙人と言ったエレナのお母さんのレオダさん、お隣のウェルトンのお母さん。
ピッケーナさんやモレーナさんは、家の中にまでは入らず、子どもを抱えながら窓の外からにぎやかな参加です。
「ケーキ作ってきたよ」と、お得意のケーキ持参のイレーニさん。
「庭先で取れたグァバがあるよ」「じゃあ、コーヒー淹れようか」など、みんなが持ち寄ったケーキや果物とコーヒーを飲みながらのおしゃべり。
「ピッケーナの家は魚がたくさんとれて、今日はピラオン（伝統的魚料理）をもらいに行くんだ」
「うちの旦那はお酒ばっか飲んでるのよ」

その日にあったことや、旦那や子どもの愚痴、うわさ話も含めて、周りの家の事情もよくここまで見ているな、というほど話題は尽きません。

エヴァさんや私はただ相槌を打つだけで、相談を持ち掛けられたときにそれに応えるくらいでした。

家庭の経済事情など、大勢のところでは話せない悩みを抱えている人には、エヴァさんが「明日来られる？」と声をかけて個別相談をすることもありました。

隣に住んでいたウェルトンのお母さんも、その一人でした。

ウェルトンのお父さんは、子どもを革の鞭で叩くことがたびたびあったようです。自分の持ち船がなくなり、よその船で漁に行くようになったストレスが、お酒や家での暴力となっていきました。

お母さんは、なるべく家ではない場所で過ごす時間を、子どもたちにつくってあげたいと願っていました。

気軽に立ち寄れ、相談できる場所。それがこのエヴァさんのお家だったのです。

このエヴァさん宅での時間は、村人にとってはとても大切なものでした。

そして、エヴァさんのサロンで語られたお母さんたちの願いが、やがてカノア保育園設立につながっていくことになるのです。

サロンになっていた当時のエヴァさんの家

カノア保育園の誕生

ピッケーナ。本名はマリアでピッケーナは渾名。この村ではほとんどの人が渾名で呼び合う。

親たちの願い、託された希望

「この村は、これからどんなふうに変わっていくのだろうか？」

「これからの社会で生きていけるだけの力を、子どもたちは持つことができるだろうか？」

そういった悩みを抱えていたお母さんたちは、いつしかエヴァさんに、こんなことをお願いするようになっていきました。

「私たちが働いている間、子どもを見てくれる場所が欲しい。今は家にひとりで残して、外からカギをかけて閉じ込めて出かけるしかないの」

「10代の子どもたちのように、売春や麻薬の売買などに手を染めるようになって欲しくない」

「現金収入を得るのが難しく、家での食事がままならない。なんとかこの小さな子どもたちだけでも、１日１回の食事を食べさせてあげたい」

「中高生の子たちは、私たちの言葉に『古臭い』と聞く耳を持たない」

レオダさんの話　～村人が保育園に求めた願い

私と同い年のレオダさん。最初の子どもを13歳で産み、自分の手では育てられなかった。その後の２人の子どもも、子育てはおば（イレーニさんやマリアさん）任せになってしまい、ちゃんと子育てができなかった。そのことがわだかまりになっていた。エヴァさんと出会い、"保育園があれば助かるのに……"という願いを語る。

売春に罪悪感を持たない10代 ～私が保育園に求めた希望

私とそれほど変わらない年齢の10代の子たちが、徒歩10分のところにある
観光地・カノアへ夜な夜な売春しに行く。そんな日常を目の当たりにし、と
てもショックで、正直その子たちの感覚が私には分からなかった。
近所の女の子がウォークマンを持っていたので、聞いてみると、
「売春してヨーロッパの人にもらったの。その日の夜一緒に過ごしたら朝に
くれた。こんな簡単に手に入るんだ」とこともなげに彼女は言った。
ちょっと手を伸ばせば届くんだから、と。その方法がどんなものであれ、そ
れを重たく感じるふうもなかった。
インターネットで調べると、カノア・ケブラーダ売春ツアーなどのヨーロッ
パのサイトがヒットして、それで実際に来るイタリアやドイツの人たちがい
るくらいだった。

イレーニさんたちの世代にはそれは考えられないこと。

「ああいう子たちを増やさないようにするには、どうすればいいんだろうね」

「今なんとかしないと、村自体がなくなってしまうんじゃない?」

「イレーニやピッケーナやモレーナの、せめて一番下の小っちゃい子たちだけでもなんとかしたい」とよく言っていたエヴァさん。

みんな朗らかで明るくて、貧しいながらも楽しく生きているように見える村が抱える深い闇。今ではポルトガル語が分かるようになった私には、物々交換の生活からの急激な変化に戸惑う村人たちの姿と、その深刻さが伝わってきました。

エヴァさんと私は何度も何度も話し合い、この目の前にいる小さな子どもたちとお母さんたちのために、保育園を作ろうと決めたのでした。

白熱するサロン

「カノア保育園を作ろう」という思いが共通になる
につれ、サロンでのお母さんたちの話し合いも白熱
してきました。
口の悪いピッケーナやモレーナは、
「そんなことできっこないわよ！」
と窓の外からヤジ飛ばし。
ところが、いざ保育園ができると、真っ先に自分の子どもを連れてきたのは
彼女たちでした。

働く人や、運営していくための資金も必要となってきます。
保育士は、エヴァさんと私がいます。助手として、村の誰かに一緒に働いて
もらうことで、私たちが働けない状況になったときでも、保育園が続けられ
るようにしていこうと決めました。

「エヴァさん宅を保育園とするには狭いのではないか？」
という話が出ると、イレーニさんが、
「環境教育NGO団体の『ヘシクリアンサ』に聞いてみよう！」と動きました。
「テルシオさん（ヘシクリアンサの施設長）が、部屋を使っていいって！」
しかも、家賃、水道・光熱費といった費用も払う必要がないとのこと。
こうして、無料で場所を提供してくれることが決まりました。

さらに、食事に関しては、観光地でレストランを開いている人が、自分の子
どもを受け入れてくれることを条件に提供してくれることとなり、どんどん
アイディアが具体化していきました。

それは素晴らしい！

2000年当時、アラカチ市には、小学生以下の子どもたちを預かる施設はありませんでした。

そこで私は、アラカチ市の教育局に、保育園設立に必要な手続きについて聞きに行くことにしました。

まずは、エステーヴァン村の現状、お母さんたちの願い、保育園を作ろうと思ったいきさつ、場所（施設）や働く人は既におり、最低限必要なものは確保できたことなどを話すと、

「日々の必要な資金はどうするの？」と聞かれ、

「こちらでなんとか用意していこうと思っています」と答えると、

「それは素晴らしい！　ぜひ頑張ってください」の一言。

「必要な書類などは？」と尋ねると、

「場所も人もあるんですよね？　問題ありません。書類なんて必要ないですよ」

私はあっけにとられてしまいました。なんの手続きもなく、保育園を設立できてしまうなんて！

こうして、アラカチ市教育局からの了承も得て、保育園設立は決まったものの、まだなんの準備もしていません。

「とりあえず開いてみて、何か問題があったら、そのつど対応していこう！」ということになりました。

行政とのネットワーク作り

もう一つの課題は、保育園で何か問題が起きたときのために、アラカチ市の教育局だけではなく、保健局や社会福祉局と繋げられるようにしておく必要があると思っていました。

というのは、村ではまだ病気やケガのときには、祈祷師による「○○の薬草が効く」といった自然療法が普通だったからです。

そこで、保健局や社会福祉局にも私たちの活動を紹介し、健康や社会福祉などの制度申請など様々なサポートを求め、局長や地域の管轄主任に相談しました。私はどこの部署でも歓迎され、保健所への診療を含め、相談や支援をしてくれることになりました。

私たちのほうも、市内の施設や専門家を把握し、保育に関わるすべての人たちと協力し合いながら運営していく準備を進めていきました。

ブラジルの格差社会

行政とのネットワーク作りに奔走するなか、エヴァさんに役所に行ってもらったとき、「真由美が今度来れるときに来て欲しい」と、伝言だけ預かったということがありました。あとで知ったのですが、エヴァさんはレシーフェというブラジルの北東部の貧しい地域出身で、お父さんが奴隷だったこと、浅黒い肌をしていることなどから、「私が行って同じ話をしても、対応にずっと時間がかかるだろう。そのため、行政との交渉は真由美のほうがスムーズにいくと判断して、全部任せた」というエヴァさんの考えだったようです。ブラジルの人種差別社会を知った出来事でした。セアラ州で初めて奴隷解放されたのが、1884年3月25日。その3月25日が州で祝日と認定されたのは、最近の2011年のことです。

エヴァさんと私

もう一つの願い

「子どもを預けられる場所が欲しい」というほかに、
「保育園の子どもたちがその後、小学校に通い続けられるようにして欲しい」
というお母さんたちのもう一つの願いがありました。
それは、エステーヴァン村に小学校の分校ができ、1～4年生まで通っていたときのこと。子どもたちは、右の窓を見れば海、左の窓を見れば砂丘といった環境にいるためか、一人、また一人と教室を飛び出し、授業が終わる頃には生徒が誰もいない、ということがよくあったようです。
そのため、村の子どもたちの多くは、小学校を卒業することなく、最低限の読み書き計算も、身につけられないままの状況だったのです。

> ### Data：ブラジルの小学校
>
> 当時ブラジルの小学校は8年制（現在は9年制）。小学校1年～小学校4年が「初等部（基礎1）」小学校5年～8年が「中等部（基礎2）」。中等部に上がるための進級試験は、勉強していなければ合格は難しい。そのため、村の子どもたちは多くが小学校4年生で中退していた。

子どもたちの環境の把握

入園にあたり、私たちは家庭訪問を実施しました。どのような家に、誰と住んでいるのか、食事の状況、遊んでいる空間、一番信頼できる人は誰かなど、その子どもの背景をできるだけ知ろうと努めました。

なかなか家に入れてくれなかったり、話をしてくれない家族については、何度も足を運び、納得できるまで通い続けました。

「それが嫌で入園を断る人が出てくるかもしれない」と不安がる私の言葉にも、エヴァさんは、断固としてこの家庭訪問を続けました。

このことが、私たちがやろうとする保育にとって、とても大切なことだったと分かったのは、あとになってからでした。

そして面白いことに、この家庭訪問のせいで入園を断る家族は一つもありませんでした。

生活習慣を整えることから

カノア保育園

部屋の中に入れない子どもたち

さて、いよいよ保育園がスタートし、受け入れた子どもたちは3、4歳児の12人でした。

その子どもたちと最初に取り組んだことは、「みんなと一緒に部屋で過ごす」ということでした。

朝、お母さんたちに保育園に連れられてきても、まず子どもたちが部屋の中に入ろうとしません。

「泣き叫んで、部屋に入るのを嫌がる子どもを、無理やり引きずり込むのは、違うよね」

「園庭のヤシの木の周りで、地べたで座って遊ぶところから始めようか」

とエヴァさんと話し、そこからのスタートでした。

カノア保育園開園初めての子どもたち

外であんなに楽しそうに飛んだり跳ねたりしていた子どもが、部屋の中に入ると、さっと表情がなくなってしまう。なぜだろう？

そこで、絶対に部屋に入ろうとしなかったアイルトンの家を訪問してみると、その理由が分かりました。

ピッケーナの息子のアイルトンは、４畳半ほどの２間の平屋に、両親と４人兄弟で住んでいます。机などはなく、ハンモックが椅子代わり。

部屋は暗く、床は土間続きで、庭先で飼っている鶏やカモやウサギが、家の中を我が物顔で闊歩しており、うっかりすると踏んづけてしまいそうです。

初めて訪問した私も、部屋に入るのを躊躇するくらいでした。

キッチンは庭先にあり、食事も外でするので、部屋に入るのは寝るときだけです。

ほかの子どもも、多かれ少なかれどこも同じような環境で、日本でいう２Ｋほどの広さに、家族10人以上の大家族で暮らしていました。

家の中で、ハンモックを互い違いにかけながら寝ている彼らにとって、家の中は狭く窮屈な場所でしかなかったのです。

アイルトンの家

きっかけは絵を描くこと

部屋に入ることを嫌がっていた子どもたちが、少しずつ部屋の中で過ごすようになったきっかけは、"お絵描き"でした。
エヴァさんの家のサロンで、「お絵描き」をしている子どもたちの、今まで見せたことのない反応を思い出したのです。

そこで私は、部屋の入り口近くの床に座って、絵を描き始めました。
きれいな色のクレヨンを紙に塗っていくと、一人、また一人と、私の絵をのぞき込んで、何をやっているのか興味深そうにじっと見ています。
「一緒に描いてもいい？」と最初にブルーノが私の隣に座りました。彼に紙を渡し、「お部屋の中で一緒に描こう」と誘うと、嬉しそうに椅子に座り、テーブルで絵を描き始めたのです。
初めて紙にクレヨンで描いた子どもたちは、そのたくさんの色に驚き、喜び、紙が様々な色で埋め尽くされるまで描き続けました。
彼らの一番のお気に入りは水彩画。水で濡らした紙に絵の具をたらすと、色が混ざり合って色々な形を作り、それが素敵な絵になっていく様は、彼らをとても魅了したようでした。
「見て！　昨日のお空みたいだね！」その嬉しそうな顔！

子どもたちが描いた絵

私は、幼稚園の頃、ペンギンの絵を描いて担任の先生に見せると、「もっと上手に描きましょうね」と言われ、楽しく描いていた絵が突然、びりびりに破ってしまいたくなるほど下手に見え、悲しくなったことがありました。その苦い記憶から、絵を描くことに苦手意識を持っていました。

それが、カノア保育園の子どもたちとの時間のなかで、"絵は楽しむためのもの"という、今までと異なる感覚を持つことができたのです。

私は未だに、積極的に絵を描くということはしませんが、子どもたちと一緒に水彩画を楽しみ、色が混ざり合っていく様子を眺めていることは大好きです。

椅子に座れるように

部屋の中に入って石を使って遊んだり、絵を描いたりするなかで、ようやく室内でも笑顔を見せてくれるようになった子どもたち。

次は「椅子に座れるように」という挑戦を始めました。

小学校に行くと、椅子に座らなければならないのです。

そこで「保育園での食事は、椅子に座って食べる」と決めました。

しかし、子どもたちは「足が痛い」「足がこしょこしょする」と言っては、お皿を手に持ち、床に座り込んでしまいます。

村の家の多くは土間で、食事は部屋の真ん中か庭に鍋を置き、それを囲むように、家族みんなで地べたに座って食べているからです。

そのときなぜか、"椅子に座って食べないと、お皿を取り上げられてしまうのではないか?"という危機感を持ったマリーザが、初めて椅子に座って食べ始めたのです。

お昼のお手伝いをお願いすると、マリーザは一番に手を挙げ、お皿を配ってくれるなど、率先して手伝いもやってくれました。

それがきっかけとなって、マリーザと、同じ優等生タイプで仲良しのヴィヴィアーニの2人が、時間にはしっかり椅子で待つようになりました。

こうした彼女たちの姿を見て「私もお手伝いしたい！」という子どもが次々に現れてきました。

そうした子どもたちは、しだいに椅子に座ってくれるようになり、いつの間にか当番制もでき、椅子とテーブルのある生活に慣れていったのでした。

部屋の中に入り、椅子に座ることができるようになると、1日のリズムのある生活〔保育園に登園→あいさつ→お絵描き→自由に室内外で遊ぶ→散歩→食事をする〕ができるようになっていきました。

室内遊びは30分ほどが限界だと分かるので、それを見極めて外遊びに移るようにしていきました。

最後まで大変だったのが、アイルトン、ジョナス、ブルーノのやんちゃ仲良し3人組でした。

観察を続けるなかで分かってきたのが、彼らの家庭環境でした。

椅子に座れるようになった子どもたち

やんちゃ３人組

＊ブルーノ
色白でほっそり。ジョナスとよく一緒にいる。
手先が器用で絵が得意。

＊アイルトン
ピッケーナの息子でジョナスの従兄弟。
がっしりではないが、浅黒い肌で快活な子。
人形遊びが好き。

＊ジョナス
浅黒い肌で、髪はくるくる、目が少し吊り上がって鋭い感じ。体はがっしりして少し大きめな
子。お父さんがいない兄弟姉妹の末っ子でみんな父親が違い、彼自身不安定な感じがある。口
数が少なく、何をどう感じているかが分かりづらい。感情の起伏が激しく、警戒心が強い。友
だち同士で走り回りながらも、私やエヴァさんの様子をチラチラと横目でうかがう。

ジョナスとお絵描き

ジョナスには直接問いかけるより、観察することが非常に大切で、何が好きで何が
嫌いか、誰といるときに笑うかなど把握し、保育に生かすようにしました。
たとえば、ジョナスは絵を描くことに興味はあるけれど、うまくできないと思って
いるので自分ではやりたがらない様子でした。
みんなでやろうとすると、ジョナスは縮こまってしまうだろう。けれど一人でやる
となるとどうしたらいいかと迷ってしまうようです。気持ちよくできるようにする
には……。そこで、仲が良く絵の大好きなブルーノと一緒ならできるのではないか、
と活動のやり方を変えると、楽しそうに絵を描いていました。

ごみはごみ箱へ ◇◇◇◇◇◇◇◇

生活リズムが整っていくと、私たちは
子どもたちが園で過ごすためのルール
作りを始めました。

その一つが、「ごみはごみ箱に捨てる」ということでした。

物々交換の生活をしていた頃のエステーヴァン村では、日常生活の中のごみ
はほとんど、燃やしたり、埋めれば土に還るものばかりでした。

しかし、スーパーでの買い物が中心になると、包装に使用されたプラスチッ
ク類が、ごみとして庭にたくさん積まれるようになり、燃やすと、村中に異
臭がただよいます。

さらに問題なのは、道端に捨てられたごみで、今では村中がごみだらけとい
うありさまでした。

そこで、私たちは「ごみはごみ箱に捨てましょう！」と、保育園にごみ箱を
置くことにしました。

生ごみは、これまでと同じように、堆肥として使うためコンポストを用意し、
各家庭の庭先になるメロンやスイカ、カボチャやニガウリなどの肥料にします。

私たちは子どもたちに、「お家でも、段ボール箱や空き缶などをごみ箱にし
て、そこにごみを入れるようにしましょうね」と声をかけたのでした。

すると翌日、ジョナスのお母さんのモレーナが、すごい剣幕でやってきて、
「あんた、子どもに変なこと教えたでしょ？」

「昨日保育園から帰ってきたら、段ボール箱を片手に、家の中や周りのごみ
を突然集めだしたのよ！　何してるのって怒ったら、保育園で先生が教えて
くれたって。ごみはごみ箱に入れないといけないって。

私は子どもを掃除夫にするために保育園に行かせてるんじゃないわよ！　それだったら、漁師の方がよっぽどましじゃない！　ジョナスはもう、保育園に来ないからそのつもりで！」
と言って、帰っていこうとしました。

「ちょっと待って。もし、これからやる実験を見ても、ジョナスを保育園に連れてきたくないというのなら、しょうがないわ。でも、今回だけは、一つだけ私と一緒にやってくれない？」
と声をかけ、果物の皮と、米の入っていたプラスチックの袋を手に、
「今から園庭に穴を二つ開けて、一つにはこの果物の皮、もう一つにはこの袋を入れて、一週間後に掘り返してみましょう。それまではジョナスを今まで通り、保育園に連れてきてほしい」と頼みました。
モレーナは、怪訝そうな顔をしながらも、何が起こるのか興味があったらしく、「いいわよ」と ·言うと、その日は帰っていきました。

翌日からジョナスは今まで通り、保育園に通ってきましたが、モレーナはあいさつをしてくれません。そして一週間後。
「で、一週間たったけど？」とモレーナ。
私たちは一緒に穴を掘り返しました。一週間という短い間に、果物の皮は黒ずみ、一部は堆肥のようになっていました。一方、お米の袋はそのまま汚いごみとして、穴の中にありました。私は、
「ごみというのは、この果物の皮のように土に還り、堆肥となるものと、燃やしても異臭のしないもの。そして、土にも還らず、燃やすと変な臭いがするものとがあるの。変な臭いだと感じるものは毒で、私たちの体にも良くないけど、たくさん燃やし続ければ、この美味しい空気を汚してしまうかもしれない。ごみはごみとして集めて、収集してもらわないといけないのよ」

と言いました。

するとモレーナは、

「収集って、あっち（観光地のカノア）に来ている、トラックがごみを持っていくやつ？」

「そう。この村は砂地だからトラックは来てくれないけれど、トラックが通れる場所にドラム缶を置いて、それを持っていってもらうことはできると思うの。子どもたちが、これからの社会で生きていけるような力をつけて欲しい。あなたたちの願いの一つは、この、『ごみはごみ箱に捨てる』ということだと思うのよ」

すると彼女は、なるほどという顔をして、

「じゃあ、家で集めたごみは保育園に持ってくるから、それをあなたたちがきちんとトラックが取りに来てくれるところまで持って行ってよ！」

と言い残し、帰っていったのでした。

そして彼女は、保育園の不満を言い回ることから急に、「ごみっていうのはねぇ〜」と、他の村人たちに話し始めたのでした。

ある母親は、

「うちの子は、アイスキャンディーを食べたあとの棒を、家まで持って帰ってくるのよ。ごみは外で捨てちゃいけないってね。

その話を聞いていたお店の人が、この子を褒めてくれてねぇ〜。それは感心だって、お店のごみ箱を出してきて、ここに捨てていいよって言ってくれたんだ。

そしたらうちの子、『ありがとう、おじさん』と言うんだよ。お母さん、この子はとっても利口だねって。あのカノアのお店の人がだよ？　信じられるかい？」

と、とても嬉しそうに教えてくれました。

エヴァさんは私にいつも、

「保護者が不満や苦情を言ってきたら、やった！　と喜びなさい。私たちの保育が良くなるきっかけをくれているのだから」

と言っていました。まさに、モレーナが私のもとに来てくれたことが、ごみの問題解決につながったのでした。

実は、この観光地のカノアとエステーヴァン村には、環境だけではない見えない壁があり、昔ながらの生活を大切にしてきたエステーヴァン村の人たちは、観光地のカノアに住む人たちから偏見の目で見られていたのです。

二つの村の間にある教会では、日曜日のミサに、右側にはカノアの人、左側にはエステーヴァン村の人と、分かれて座っている現実がありました。

だからこそ、お店の人からの言葉は、母親にとって、私が感じる以上に大切な意味を持っていたのかもしれません。

観光地のカノアには、ホテルやお土産物屋、レストランが並び、そこのオーナーたちのほとんどは外国人で、裕福な暮らしをしていた。一方漁村であるエステーヴァン村は、貧しい生活をしている人たちがほとんどだった。

歯磨き～ジュアの樹　◇◇◇◇◇◇◇

エステーヴァン村に到着して驚いたこと
の一つに、誰もがみんな真っ白な歯で、
歯並びが良いということでした。特に、お年寄りが未だに自分の歯だという
人がほとんどで、歯医者を知らない人たちがなぜ、ここまできれいな歯を
保っているのだろうかと、不思議に思っていました。

ある日、アイルトンと一緒に、おじいさんが薪を取りに行くというので、私
は散歩がてらついていくことにしました。
すると、砂丘を上り、森に入ったところにあるジュア（Juá）という木の皮
を削り、口の中に入れたのです。
「これって食べられるの？」と私が聞くと、
「これは、歯をきれいにするんだよ。食べかすを取って、つるつるにしてく
れるんだ」
なんと、歯磨きの代わりだったのです！
「薪は毎日朝と夕方採りに来るからね。そのときには必ずこの木の皮を削っ
て口に入れるね」
「いつもこの木の皮をくちゃくちゃしてるの？」とアイルトンに聞くと、
「そうだよ！　でも、お母さんはこの木の皮を口に入れたりはしないんだ。
だから、おじいさんと一緒のときだけ」
なるほど。真っ白の歯は、こうして守られていたのか。
確かに、歯磨きをしている人を村の中で見たことがない気がする……。
そんなことを考えながら、森の散歩を終え、村に戻ってきたのでした。

そして翌日、大変なことに気づきました。子どもたちを連れてくるお母さん

たちの歯は、ほとんど溶けてなくなっているのです！

特に薪を取りに行く習慣のない人ほど、歯がなかったのです。

これはもしかすると、木の皮を削って口に入れることをしなくなったのに、歯磨きもしていないからではないだろうか？

私は、すべての家族に対して、「歯磨きって知っている？」「歯ブラシはある？」と確認して歩くと、歯ブラシが家にあった子どもは一人もいませんでした。

これは大変と、私たちは急遽、歯ブラシを購入し、昼食後の歯磨きを実践し始めました。

初めて歯ブラシを見た子どもたちは、「これはいったいなんだろう？」と興味津々、口に入れて磨くどころか、床を磨いたり、壁を磨いたりする始末です。

そこでエヴァさん、「ごはんを食べたあと、口の中はどうなっているの？　虫歯ってなんなの？　虫歯になるとどうなってしまうの？」という話を、まるで物語を語るように話して聞かせました。

しかし、子どもたちにとっては未知の世界。なんだか分かるようで分からない話。この口の中の物語は、一週間続けられました。

すると翌週、子どもたちは「大変だ！ 僕の口の中で、ばい菌が暴れてる
ぞ！」と言い、昼食後には座って歯磨きをするようになったのでした。

私たちはこの物語を、家族のみんなにも聞いてもらお
うと、お迎えの時間にみんなに集まってもらいました。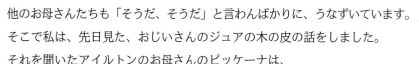
すると、あるお母さんが、
「歯ブラシは買わないといけないんでしょ？ そんな
余計なお金、うちにはないわ」
他のお母さんたちも「そうだ、そうだ」と言わんばかりに、うなずいています。
そこで私は、先日見た、おじいさんのジュアの木の皮の話をしました。
それを聞いたアイルトンのお母さんのピッケーナは、
「あれ？ 薪を取りに行くときに口に入れてたあの木が、口の中のばい菌を
取ってくれていたの？」とびっくり顔。そして、
「見て！ あんな木の皮なんて食べられるかって、口にしなくなった私の歯！」
と、ニコッと笑って見せると、溶けてなくなった前歯を見たお母さんたちは
ゲラゲラと笑い、お互いに歯の見せ合いっこを始めたのです。
「大変、みんな歯無しばばぁじゃない。これじゃあ、ばあさんよりもひどいよ」
こうして、私たちの保育園では昼食後に歯磨きをすることになり、歯ブラシ
を買えない家族はみんな、木の皮をかじるようになったのでした。

保育園でも年に２回、保健所から歯医者さんが来て、無料で子どもたちの検
診をしてくれるようになりました。
基本的に教育と保健医療は無料のブラジルですが、公立の無料診療所はいつ
も人員や物資が不足しており、なかなか思うような治療を受けることができ
ないのが現状です。
だからこそ、予防に努めることが大切なのではないかと考えています。

雨と子ども

エステーヴァン村のあるセアラ州は、赤道が近く常夏です。雨季と乾季がありますが、雨季は年に2、3ヵ月ほど、しかも、なぜかいつも夜中から朝方にかけて降ることがほとんどです。

そのため、日中に雨が降ると、子どもたちは大喜び、外に飛び出して遊び始めます。「今日はシャワーを浴びなくてもいいね！」と、家から石鹸を持ってきて洗い出す子どももいます。

大人たちはそんな子どもたちの姿を見ながら、「今日は何もできないからゆっくりしようか」とばかりに、ハンモックに揺られて寝てしまいます。

この村にとって雨の日は、休息の日。仕事にも、学校にも行きません。

ある日私は、雨の中を、予定されていた会議に小学校の分校まで出かけていきました。すると、子どもたちだけではなく、先生たちさえもいません。

驚いた私は、近所に住む給食の調理員のマリアさんを訪ねると、

「あぁ、今日は誰もいないよ。だって、雨が降ってるもの」

今では雨が降っていても、学校や仕事に行く人の姿を見ることができますが、それでも雨が降っている日の予定は、未だにキャンセルとなることがほとんどです。

アタマジラミ

カノア保育園の設立当初、預かった12名
の子ども全員に、アタマジラミがいました。
男の子の場合、丸坊主にしますが、女の子の場合はそうもいきません。
なかには、アタマジラミの成虫が何匹も歩いていることもあります。
そこで、エヴァさんはアタマジラミ用のシャンプーを購入し、すべての子ど
もたちの髪を保育園で洗うことに決めました。
「えっ、私たちが？」と聞き返すと、
「私たちがすべてをやってしまっては、家族は何もやらなくなってしまうわ。
私たちは、髪を洗うということを家族と一緒にしながら、その必要性を分
かってもらう努力をしなければいけないのよ」
そして、いつもの言葉をつぶやいたのです。
「魚をあげるのではなく、魚の釣り方を教えてあげなくてはね」

そこで、登園した子どもとその家族に、みんなで一緒に髪を洗う様子を見て
もらうことにしました。
子どもたちは「くすぐったいよぉ～」と言いながらも、洗ってもらえるのが
とても嬉しいようでした。何日も洗っておらず、髪がこんがらがって、うま
く洗えない家族に対しては、美容師の資格も持っているエヴァさんが、一緒
に洗いながら教えてあげていました。
初めはアタマジラミの成虫を見ただけで、足がすくんでしまった私でしたが、
子どもたちの嬉しそうな顔を見て、なんとかエヴァさんの補助をすることが
できました。
これをきっかけに、私たちは毎月1回、「みんなで一緒に髪を洗う日」を設
けました。

ある日、ハイムンダという女の子がこんなことを言いました。

「いつまた髪を洗うの？　お母さん、私の髪を洗ってくれるとき、たくさん私の頭をなでてくれるんだ。くすぐったいし、櫛を使うときには痛くて涙が出ちゃうけど、嬉しいんだぁ！」

お母さんが朝から遅くまで仕事をしていて、なかなか一緒にいることのできないハイムンダ。彼女にとって、この月1回の髪を洗う日は、どんなプレゼントよりも、嬉しいもののようでした。

運営の悩み

ブラジルでは基本的に教育と医療は無料です。月謝というものがないため、保育園に入ってくるお金はありません。私とエヴァさんと手伝ってくれる村の女の子がボランティアで保育士をやるとしても、子どもたちに出す給食費と文房具・教材費などがかかります。当時は認可園でもなく、そもそもアラカチ市には乳幼児を預かる施設がなかったため、給食のような施設への保証もありません。それでも子どもたちが保育園でしかご飯を食べられないような現実があり、どうしてもその食費がかかります。カノアで賛同してくれる人々に声をかけて、お店に出せない果物を切り取ってジュースにしてもらうなど、食材を提供してもらうこともしましたが、毎日の食事には足りません。エヴァさんと必要なものをピックアップしてみると、保育園運営には年間、日本円で５０〜６０万円ほどかかることが分かりました。

遊びの中から

エステーヴァン村で保育園を始めることになったとき、子どもたちにとって遊びに最適な砂丘や森、海など素晴らしいものがここにはたくさんあることに、私は喜びを抑えきれませんでした。

子どもたちと一緒に森や海に出かけ、枝や木の実、貝殻や石などを拾ってきて、それらが保育園の子どもたちが日々遊ぶおもちゃとなっていきました。

子どもたちは想像力豊かに、大きな布を広げて座り、貝殻を散らばせて、「これから漁に行ってきます！」と、魚を取りに出かけていきます。

人形のお世話しながら、おままごとをするのも大好きでした。

貧乏人のおもちゃ

ある日、イヤーゴという男の子が、たくさんの木の実を持って登園してきました。おばあちゃんのマルガリーダが家で乾かしてくれ、「虫はわかないって言ってたよ！」と、とても嬉しそう。
マルガリーダは時間があると保育園にやってきて、小石を使った遊び、木の実で作った人形たち、葉っぱを使った楽器作りなど、自分が幼い頃に遊んだ遊びを子どもたちに教えてくれる名人でした。

マルガリーダはまず「好きなものを拾ってきて〜」と声をかけます。
子どもたちはまるで宝探しをするように、思い思い駆け回って、木の枝でも小石でも葉っぱでも、村中にある色々な物を拾ってきて、それで自分のおもちゃを作ります。
そうしてできたおもちゃを、子どもたちはとても大切にします。
私は、目の前にあるものだけを使っておもちゃを作り、遊びを繰り広げる姿を、子どもたち以上に目を真ん丸く見開いて眺めていました。

そこにイヤーゴの父親が通りかかり、その様子を眺めていました。
声をかけると、ぷいっと顔をそむけて、足早に去っていきました。
不思議に思ったものの、私もおばあちゃんの教えてくれる遊びに夢中だったので、そのことはすぐに忘れてしまいました。

そして降園時間。いつもなら母親が迎えに来るのに、その日は父親が来て、声をかけてきました。
「あんたたちは、おもちゃを店で買ってこないのか？　木の実だの、枝だの小石だの、なんであんな貧乏人のおもちゃばっかり保育園に置いてあるんだ？」
そこで私たちは、イヤーゴの父親に聞いたのです。
「遊ぶって、どんなことだと思いますか？」
「何言ってるんだ。ゲームしたり、おままごとしたりするのが遊びだろ？」
「確かにそうです。あの小石を使ったゲーム、ご存知ですか？」
「当たり前だろ、俺はこの村のチャンピオンだったんだ。きれいな石があってよ。日にかざすと、きらきらと虹色に輝くんだよ。みんながその石を欲しがって、俺に戦いを挑んでくるんだが、一度も負けなかった。あの石は本当にきれいだったよ。まだ、どっかにしまってあるかもな」
「すごいですね。その石、見つけたらぜひ私たちに見せに来てください。そういうきれいな石、見つけることできますか？」
「頑張れば見つかるかもな。遠浅のとき、3番目の岩まで見えるときがあるだろ？　そのときに探してみな。いつもは海に隠れているような石が出てくるから。お宝はそう簡単には手に入らないからな」
「じゃあ、このかごに入っている石たちも、お宝ですかね？」
「これはダメだろ。そこら辺にある石と変わらないからな。今度もっときれいなやつを取ってきてやるよ」
「楽しみにしてますね」

そう言って、笑顔でその父親は帰っていきました。
私たちはそれ以上、彼に何も言う必要がなかったのです。

私たちが保育園を作ったとき、
「おもちゃは店で買ってきたもののほうが価値がある。稼いだお金で少しでも高いおもちゃを子どもに買ってあげる」
それがある種の村のステイタスとなりつつありました。
特にイヤーゴのお父さんは、村に３人しかいない帆船（ジャンガーダ）を作れる人で、周りの家より少し裕福だったため、なおさらそうした思いが強かったようです。
しかし、そうしたおもちゃは、遊ぶのは初めのうちだけで、そのうちに家の中で忘れ去られるか、乱暴に扱い、壊してごみになってしまいます。
自分たちで作ったものは、直しながら本当に大切に遊びます。
私たちは、子どもたちに物の大切さを教え、自分たちの周りには素敵なものがたくさんあることを知って欲しいと願っていました。

森や海からとってくる物で作ったおもちゃに、子どもたち自身が夢中になり、子ども同士だけではなく、おじいちゃんやおばあちゃん、お父さんなども一緒に、家族で遊ぶようになったことは、嬉しいことでした。

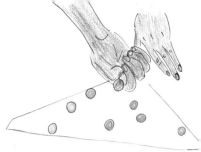

穴を掘ったら地球の裏側に行ける？

ブラジルは南半球にあり、日本のちょうど真裏にあたる場所です。
その話を村の子どもたちにしたところ、保育園の園庭にみんなで穴を掘っているの
を見つけました。
「何をしているの？」と聞くと、
「穴を掘っていけば、真由美が住んでいた"日本"に行けるんでしょ？　だって、
地球の裏側ってことは、穴を掘ったらつながっているってことだもんね」
日本まで届く穴をができるのはいつでしょう？

アイルトンの人形遊び

Airton

　ある日、アイルトンが人形を抱きながら遊んでいると、そばを通りかかった母親のピッケーナが怒鳴りながら保育園に入ってきました。

「うちの子は男の子だよ。人形を抱かせるなんて、どういうこと？　そんな女々しいことをさせるために保育園に入れたんじゃないよ。さぁ、家に戻るよ」

　泣きながら嫌がるアイルトンを、部屋の外に引きずり出すピッケーナ。

　それを見ていたエヴァさんは、ピッケーナに声をかけました。

「覚えている？　あなたが私の家に来て、どうしても子どもを預けるところが必要なんだって話していたこと」

「それが何？」

「あなたは何度も私たちに訴えてた。7人もの子どもを育てながら、働きに

出ることは難しい。旦那にはそんなこと頼めないし、だから、この子たちを預かってくれる場所が必要なんだって」

「覚えてるよ。それが何？」

「あなたは、旦那が子どもの世話をしてくれないと嘆いていた。自分の子どもには、そんなふうになって欲しくないって言ってた。

アイルトンが人形のお世話をしているのは、今はただの遊びだけど、この子が父親となったときに、パートナーと一緒に子どもを育ててくれるような大人になるかもしれない。そんなふうには思えない？」

ピッケーナはその言葉に、

「確かに自分は、旦那に怒っていたし、子どもたちにはそうなって欲しくないと思っていた。それでも、目の前で男の子のアイルトンが、人形遊びをしているのを見て、微笑んでいることなんてとうていできない」

と、彼女の中で葛藤している様子がびしびしと伝わってきました。

その日、ピッケーナはそのままアイルトンを連れて帰ってしまい、翌日も彼は登園してきませんでした。

３日が経ち、未だ登園してこないアイルトンの家を、私たちは訪問することにしました。

家の前では、アイルトンが砂の上にレンガを並べて遊んでいました。

「Tia Eva、僕、保育園に行きたいよ。隠れて行こうとしたけど、お兄ちゃんに見つかっちゃったんだ。明日は行けるよね？」

その言葉を聞いて、私たちは家の中へと入っていきました。

台所で仕事をしていたピッケーナは、私たちを見ると、

「遅かったじゃないか。いつ来るかと思っていたのに。どの面下げて私がこの子を保育園に連れていけると思う？　あんたたちが来てくれなきゃ、行けないじゃないか」

※ブラジルでは保育園の先生を"Tia"（おばさん）と呼びます

そう言うと、私たちに笑いかけたのです。

「人形遊び、してもいいよって、この子に言ったんだ。私はあんまり見たくないけどね」

そして翌日、アイルトンは再び保育園に登園してくるようになりました。

エステーヴァン村は貧しい小さな漁村。漁に出る男に代わり女は家を守る、という考え方が当たり前の村でした。

しかし、漁に出られない日には、酔っぱらっている男たちに代わって、現金収入を得るために働いていたのは、多くの女の人たち。

にもかかわらず、家の主は絶対に男。

そんななかで生まれ育ってきた母親たちは、"男たるもの、女々しいことは絶対にしてはいけない"という考えが根強く、アイルトンの母親に限らず、人形遊びは女の子の遊びだという認識が一般的でした。

私はどうしても、そうした考え方がなじめませんでした。何よりもそのことによって、楽しく遊んでいる子どもたちが理不尽に泣く目に合う現実に、納得ができなかったのです。

そのたびに私たちは話をするようにし、しだいに母親たちの間で、人形遊びだけでなく、"男だから""女だから"ということは言わないようにしよう、という共通認識が広がりつつあるようでした。

人形で遊ぶアンドレ

ブラジル北東部で有名なフェスタ・ジュニーナ（6月のお祭り）。豊穣を祈って、気球を飾り焚火
をたいて踊りを踊り、トウモロコシ料理を食べる。6月には「聖アントニオの日（12日）」「聖
ジョアンの日（24日）」「聖ペドロの日（29日）」があり、特に「聖ジョアンの日」は多くの地
域で開催され、毎年エステーヴァン村でもお祭り行事をする。フェスタ・ジュニーナを締めくくる
「聖ペドロの日」も、家族とともににぎやかに過ごす大切な日。

自然が育んだ子どもたちの動物的感覚

村の子どもたちの危機察知能力の高さ

エステーヴァンの村の子どもたちは、自然の中で育っているので、子どもでも危険を察知する能力がとても高く、崖から落ちてもしなやかに転び、大けがはしません。

子どもたち自身が「いける！」と思ったことは、大体いけるくらい動物的感覚が鋭いのです。

「落ちたら死ぬのではないか」と思うような高い崖などでも、高さではなく、地盤がしっかりしてるかどうかで、大丈夫と判断しています。

お母さんたちも子どもを信頼していて、子どもがやれるというなら、とりあえずやらせてみようとしているので、私たちも「危ないから、やめなさい」といった声かけをすることは、ほとんどありません。

森に行き、高い木にみんなワーッと登ったりしても、登れたんだから大丈夫なんだな、と思えるようになりました。

砂丘の散歩

子どもたちを連れて砂丘を登り、森を探検していると、子どもたちは疲れているはずなのに、体からエネルギーが湧き出てくるようで、足取りがどんどん軽くなり、元気になっていきます。

砂丘では足をうまく使わないと、体力を消耗してしまうのですが、子どもたちはいとも簡単に、上へ、上へと登っていきます。

この村で生まれ育っていないエヴァさんと私は、子どもたちや村人たちの後ろを歩きながら、足は砂にとられ、前に進んでいきません。

その姿を上から見ている子どもたちは、大きな声で笑いながら、

「がんばれ、真由美！　もうすぐだよ！」と応援し、一度は登った砂丘を降りてきて、「私が手伝ってあげる！」と、手を引いてくれたりします。

手を握り返しながら、私も負けてられない！　と、必死に頂上目指して登っていくのでした。

生まれた悩み　私の決意

お母さんたちの本音と一人ひとりに合った保育

カノア保育園の子どもたちにどういう保育をしたいのか？

毎週１回の職員会議、週に一人の子どもに注目しての観察。体のつくりや、動き、好きなもの、嫌いなもの、使っている道具は何かなどを記録しました。12人の子どもたちすべてを観るのに3〜4ヵ月。そのうえで、一人ひとりに対しての保育方針をたてていきます。

家族にもインタビューし、妊娠したときから3歳になってカノア保育園に入るまでの生活の様子などを聞き取りました。

そのなかで驚いたのが、望まれて生まれてきた子どもが、ほとんどいないという事実でした。妊娠したことを心から喜んだと答えた母親は、ただの一人もいませんでした。

大家族の中で育ち、たくさんの兄弟、姉妹がいる子どもたちもいます。観光客との間に子どもができ、誰が父親か分からないという母親もいます。

そのため、兄弟、姉妹すべての父親が異なるということも、当たり前のようにありました。

「この子がいなければ良かったのに」と、子どもを前に無頓着に口にするお母さん。ブルーノなどは親にそう言われ続けたのか、保育園で「俺なんか生まれなければ良かった！」と泣き叫んだこともありました。

かと思えば、「私はこの子を愛している。なんとかこの子が暮らしていけるようになって欲しい」とハグをしたりします。

私はどの言葉を信じればいいのか、混乱してしまいます。

子どもたちを取り巻く環境が分かるにつれ、保育士として子どもたちとその家族の日々の暮らしに、深く入り込まずにはいられませんでした。

夜になると、子どもを家において売春に出かける母親がいると聞くと、どうにかそれ以外の方法で子育てはできないかと、母親と話したくなる。

私の中に、これまで感じたことのない子どもたちとの強いつながりが生まれ、一人ひとりの顔を思い浮かべては、私に何ができるのかと考えてしまうのです。

魚をあげるのではなく釣り方を教える

そんな思いを口にするたびに、エヴァさんは私に言いました。

「私たちができることは、この限られた時間の中で子どもたちと関わること。プライベートと仕事、その線引きはしておかないと、自分が自分でいられなくなってしまうわよ」と。

「魚をあげるのではなく、魚の釣り方を教えてあげなければね」

母親たちが「文字の読み書きができたら、ウェイターやレジなど、他の仕事もたくさんあるのに」と嘆いていたように、この子どもたちには、最低限の暮らしを守っていくことができるような力をつけてあげたい。

私たちにできることは、そんなに多くないかもしれない。

それでもこの村と出会い、母親たちの願いを聞き、カノア保育園を作ることになったのだから、子どもたちとその家族に寄り添いながら、活動していこう、そう心に誓ったのでした。

ホジレーニ 家に誰もいない

Rosilene

左からマリーザ、ホジレーニ、エレナ、ヴィヴィアーニ

ホジレーニ（Rosilene）という３歳の女の子がいました。

彼女は40歳の母親のファッチーニャと12〜3歳年上の兄と暮らしていましたが、３歳にして既に、自分よりも大きな姪っ子がたくさんいる女の子でした。父親が誰かは知りません。ファッチーニャはココナッツオイルを家で作り、それを海で売り歩くのが仕事でした。

そのため、大きな姪の一人のヴィヴィアーニに連れられ保育園に来て、20歳上の、自分の姉でヴィヴィアーニのお母さんであるヒッチニャが迎えに来ると、家に帰っていきます。

私は初め、ファッチーニャが朝早くから遅くまで海に行ってしまうため、姉の家で生活していると思っていました。しかしある日、ホジレーニの家を訪問してみると、当時3歳の彼女は一人で自宅にいたのです。

姉の家には子どもが7人おり、夫は漁師でしたが、不漁が続いてからアルコール依存症になっていて、事あるごとに暴力を振るっていました。

そんな環境に置いてはおけないと、ホジレーニは自分の家に一人でいることになったそうです。

保育園では、週末以外の朝食と昼食は出すものの、それ以外の食事は自宅でする必要があります。

観光客が多くなる週末は、ホジレーニの母親のように、観光客に物を売る人たちは、家に帰らずに歩き続けることがほとんどでした。

ファッチーニャは、娘の週末の食事のために、毎日2レアル※を娘に渡して仕事に行き、ホジレーニは村の小さな店で、2レアルでビスケットやスナック菓子を買って空腹を満たしていたのでした。

ホジレーニは3歳当時、1歳半くらいにしか見えない小さく、やせた子どもでした。

※当時は2レアルで100円（現在40円）で、お米1kgが買えた。当時のブラジルの最低賃金は月150レアル（現在は1000レアル）だったが、ファッチーニャの収入はそれを下回る月100レアルほど。1日3レアルの稼ぎのうち、2レアルをホジレーニに渡していた。

71

私たちはホジレーニをとても心配していました。ファッチーニャと話したくても、送り迎えも違う人が来るので、話ができません。ホジレーニにはきちんと寝る場所があり、毎日２レアル渡しているのだから問題ない、とファッチーニャは考えているようでした。

私たちは、やっと話すことができたファッチーニャに、

「彼女に渡すお金でお米とフェジョンを作り置きし、果物を買っておけませんか。そうすることで、栄養失調と診断されたホジレーニが良くなるから」

と頼みました。

ファッチーニャは初め、私たちの訪問を嫌がり、作り置きする時間などないと言いました。しかし、小さなやせ細った体で私たちの訪問を喜び、自分のハンモックに座ってくれと笑顔で言った娘を、何度も横目で見ながら、最後にはこう言ったのです。

「分かりました。月曜日に１週間分を作り置きして、どうなるか見てみます。私も暇ではないし、お金を稼がなくては飢えて死んでしまいますから」

エヴァさんと私は、その答えにお礼を述べ、必要であればいつでも声をかけてください、と伝えました。

ホジレーニはたった１週間だけで、みるみる肌つやが良くなり、体調が安定してきました。それを見たファッチーニャは、私たちの訪問を待たず、エヴァさんの家にやってきました。

「私は家を空けることが多く、娘と一緒にいることはほとんどありません。それでも、娘は私を愛していますし、私も娘を愛しています。貧しいことが恥ずかしくて、毎日２レアルを娘に渡せるということが、『私にだってできるんだ！』と、誇りでもありました。でも、１週間分をまとめて買い物をするなんて、考えたこともなかったんです。今日、娘を見て気づきました。たったこれだけのことで、この子はこんなにも元気になるんだと。ありがとう」

その後、ファッチーニャはできる限り、1週間分の作り置きをするようになりました。できるときも、できないときもありましたが、続けようと努力している母親の姿がありました。

この出来事以来、私はよく、彼女の家を訪問するようになりました。

日本に一時帰国するときには、ココナッツオイルをプレゼントしてくれることもありました。

しかしファッチーニャは、2015年、突然55歳で亡くなってしまいました。

その頃にはホジレーニも18歳。高校を卒業し、観光地のカノアで研修生として働き始めていました。

今でもホジレーニは小柄ですが、大人の女性として、立派に育っている姿を見ると、本当に嬉しくなります。

中央赤いスカートがホジレーニ

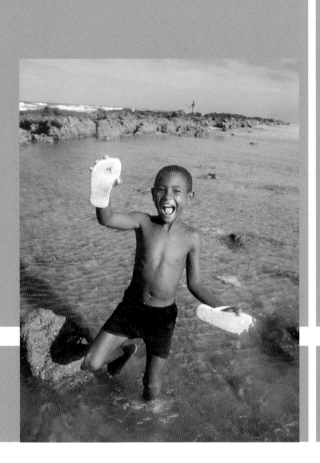

カノア保育園に入園してきた、ファギニーという男の子がいます。
祖母と一緒にやってきたファギニーは、今まで外で遊んだことがなく、兄弟
以外の子どもと接したことがありませんでした。

ファギニーには、両親がいません。父親は誰か分からず、母親は産後すぐに亡
くなってしまったため、彼は2人の兄と一緒に、祖父母に育てられていました。
2人の兄は、とてもやんちゃで、いつもズボンだけはいて、棒を振り回して
います。祖父が飼っているニワトリ、山羊、馬や畑の世話をしていました。

祖父は口数が少なく厳格で、怒るとすぐに鞭を取り出す人でしたが、祖母は心優しく、薪を組んだ庭の端にある小屋で、いつも料理をしていました。

ファギニーの母親は売春婦で、ファギニーを妊娠したときにはHIVに感染していることが分かっていました。

しかし、彼女はそれでもなお、毎晩街に立ち続けたのです。村の人たちは、彼女が治療中であることを知ってはいましたが、彼女を止める人は誰もいませんでした。まだ、AIDSという病気についてよく知らなかったのです。

彼女はファギニーを妊娠し、出産しました。母乳で育てていましたが、ファギニーがまだ4、5ヵ月頃、肺炎にかかり亡くなりました。

祖母は、小さなファギニーを育てるなかで、体が小さく、病気がちの子どもを外に出すことはしませんでした。それでも、彼がほかの子どもたちや、家以外の場所で生活する大切さも知っていました。

ファギニーが3歳になったとき、祖母が保育園を訪ねてきました。

「私は怖くて、ファギニーに検査をしていません。この子がHIVに感染していたら、保育園で預かってもらえないのでしょうか？」

私たちはまず、アラカチ市保健局を訪ね、HIV感染に関しての情報を集めました。保健局にはHIVおよび性病を主に扱っている部署※があり、そこの看護師のジオーニ（Dione）さんが後日、村を訪ねてくれることになりました。

彼女が村にやってくる日、私たちも一緒にファギニーの家を訪問しました。祖母はおびえたような表情をしていましたが、ジオーニはそんな祖母を優しく包み込み、HIVについて、感染した場合とそうでない場合について、とても分かりやすく、何度も話をしてくれました。

※ブラジルは、エイズに関しては先進国と言われている。1990年代前半、日本でもその名前がようやく知られるようになった頃にはすでに、HIV感染者に対する検査や治療を無料で実施していた。逆に言えば、ブラジルにおけるHIV感染者が多いということでもある。

そしてファギニーを呼ぶと、血液を採取することを告げたのです。

嫌がりながらもファギニーは私の膝の上に座り、こう聞きました。
「痛い？」
「少しだけね」
「手を握っててくれる？」
「もちろん」
「このあと僕と遊んでくれる？」
「もちろん。何をしようか？」
そんな話をしている私たちを見ながら、血液を採取しました。

数日後、検査結果が出ると、陰性でした。それは奇跡ともいえました。
ジオーニは、これからの定期的な訪問と観察、２年後の再採血の必要性を話
してくれました。
その後彼女は、ファギニーが満10歳になるまでずっと、その家族に寄り
添ってくれたのです。
検査の結果を知った祖母は、涙を流しながら私たちに、
「ありがとう、ありがとう」
と言い続けました。

今まで、兄たち以外の子どもと接したことのなかったファギニーは、どこに
行くにも私のそばを離れず、他の子どもたちの様子を眺めています。
ある日、彼は祖父の畑でとれた大きなスイカを持って保育園にやってきました。
そのスイカを見た子どもたちは、走ってきてファギニーを取り囲みます。
「大きなスイカ！」
「よく一人で持てるな」

「これ、私たちにくれるの？」

そしてファギニーは言ったのです。

「うん。みんなで一緒に食べたいんだ。食べてくれるかな？」

すると子どもたちはみんな揃って、

「食べる！」

この日のお昼のデザートはもちろん、ファギニーの持ってきてくれたスイカでした。

この日を境にファギニーは、子どもたちの輪の中に入り、一緒に遊ぶようになったのです。

それから10年が過ぎた頃、ファギニーが学校に行かず、怪しい人たちとつるんでいると、彼の祖母が泣きながら我が家にやってきました。

実は彼の一番上の兄は、しばらく前から麻薬の売買をしており、兄のようになって欲しくないと、祖母はいつも私と会うたびに漏らしていたのです。

しかし、その願いも空しく、ファギニーもまた、麻薬を使うようになり、そのお金を得るために、売買をするようになったようでした。

やせ細り、帽子を深くかぶって誰とも顔を合わさず、村の中を歩くファギニー。それでも、私の家の前を通るときには顔をあげ、私が見えると、笑顔で挨拶してくれます。

けれど彼の顔を見るたびに、私は絶望感に襲われました。

保育園と学童教室。12歳までの彼と過ごした日々。それからほんの数年しか経っていないのに、彼はこんなにも変わってしまった！

私は何をやっていたのだろうか？

私たちがやってきたことは無駄だったのかもしれない。

そんな思いが頭の中を何度も駆け巡り、ある日、私は決心したのです。

もうこれ以上保育園や学童教室を運営していても意味がない。

この社会で生きていけるようにしてあげたい。生きる力を持てるようにしてあげたい。自分で自分の将来を選択できるだけの力をつけてあげたい。

その思いはすべて、無駄だったのだ、と。

ちょうどそのとき、サンパウロの保育園に出張する機会がありました。そこでウテ・クレーマーさんと会い、ファギニーのことを話しながら、カノアでの活動を今年で最後にすると告げました。

すると彼女は私に聞きました。

「あなたは今まで何人の子どもたちと一緒に過ごしてきたの？
そのすべての子どもたちがみんな、生きる力、選択する力を身につけられなかったのかしら？」
「素晴らしい道を選んだ子どもたちばかりです。家庭の事情で高校に行けないと泣いていた子どもも、公立の学校に通いながらバイトをしたりして、自分の夢に向かって頑張っています」
私はそう答えました。
すると彼女はこう言ったのです。

「真由美。すべての子どもを助けるなんてことは、神様じゃないんだからできないわよ。20人の子どもがいて、その中の数人でも自分の道を歩むことができていたならば、あなたが今までしてきたことは、無駄であるはずがないわ。そりゃぁ、麻薬の売人になってしまった子どもを見るのは残念だし、悲しいと思うわ。でもあなたは、一人でも多くの子どもたちが、自分の道を歩んでいく手助けをするべきなの。たった一人でもいい。"私の人生は幸せだったわ！"と、心から言ってくれる子どもがいたら、あなたが今までやってきたことは、大きな意味のあることだといえるのよ」

私は何を見ていたのだろうか。自分を何様だと思っていたのだろうか。
ウテさんの言葉を聞きながら、私はとても恥ずかしい気持ちになっていました。
ファギニーは、私に大切なことを教えてくれました。
カノア保育園を設立してから10年、ようやく私がこの村にいる"理由"に気づかされたのでした。

Viviane

ヴィヴィアーニ
輝く瞳

カノア保育園の１年目に受け入れた子どものなかに、ヴィヴィアーニという女の子がいました。

５人兄弟の上から３番目。保育園に通い始めた当時はまだ、漁師である父親も一緒に暮らしていましたが、魚が思うように獲れなくなると、母親に暴力を振るうようになっていました。

しだいに酒量は増えていき、いつもお酒の瓶を片手に、家の中では罵詈雑言、母親への暴力はエスカレートしていきました。

母親はそんな父親から離れるように、だんだん家に寄りつかなくなり、観光地として発展し始めていたカノアの道に立って、売春をするようになっていました。

母親が家に帰ってこなくなると、父親はある日突然、隣村の自分の実家に戻り、家には子どもたちだけが残されました。

そんな厳しい家庭環境にもかかわらず、ヴィヴィアーニは保育園を一日も休むことなく、お姉さんに連れられてやってきます。
水彩画、クレヨン画、粘土、積み木、工作など、何をやらしても好奇心旺盛で興味津々の彼女は、誰よりも真剣に、一つ一つの作業を習得し、満足そうに、にこにこ笑顔で過ごしているのでした。
保育園での彼女を見ていると、とても幸せな家庭で育っているのだろうと、勘違いしてしまいそうです。
しかし彼女の現実は、家に食べ物はなく、保育園で食べる食事が唯一の食事。両親もおらず、姉たちもいたりいなかったり。それでも彼女の笑顔は晴れやかで、誰よりもキラキラと輝く目を持っていました。

左からヴィヴィアーニ、エレナ、ホジレーニ、マリーザ

「この輝きは、いったいどこからくるのだろうか？」

経済的には豊かではない。食事も十分にできていない。家庭環境にも大きな問題がある。それでも彼女は、こんなにも輝く目をしている。

それは、彼女の内面から出ているもの。好奇心、探求心、面白い、楽しいと感じる心、それよりも何よりも、「生きていることが楽しい！」という、そのエネルギーこそが輝く目として表れているようでした。

どんなに体がつらくても、心に穴が空いていても、生きていればこんなにも素敵なことがある。それを私たちに見せてくれているようでした。

ある日彼女は、絵を描きながらこんなことを言いました。

「見て！　こんなにたくさんの色があるんだよ！　私の中にもこの色全部、あるのかな？」

「あるよ。赤も黄色もオレンジも、青も緑もみんな」

「真っ黒も？」

「そうだね」

「真っ黒でいっぱいになると、とっても悲しくなるの。でもね、そんなときは真っ黒以外の色がたくさんになるようにするんだ」

「どんなふうに？」

「海を眺めたり、お月さまを見たり。友だちとかけっこをしているだけでも真っ黒がなくなったりするよ！」

「そうなんだ」

「真っ黒がずっとあると、寂しいもん。だから、真っ黒がなくなるようにお願いするの」

「どうやって？」

「真っ黒も好きだけど、黒だけだと寂しいから、赤や青も一緒にしませんか？　って」

そう言ったときの彼女の笑顔を、今でもはっきり思い出します。

まだ4歳の女の子の言葉。物やお金ではない、子どもの目の輝きは、それとは違うところにあるのだと、私は強く感じたのでした。

ヴィヴィアーニはその後、首席で高校を卒業し、国公立大学受験を目指して、セアラ州の州都であるフォルタレーザの学生寮に移り住みました。

またドイツへの留学生奨学金を受験し、見事合格。ドイツの大学に通うことになったのです。

母親は売春をし、2人の姉も母親と同じように売春をするようになっていました。そんななかでも彼女は自分の道を失わず、いつも前向きに、自分を信じて生きていました。

彼女のその生きる力や強さは本当に素晴らしく、この小さな村の中でも、自分を信じていれば、どんな道でも開けるのだと、教えてくれているようでした。

初めての卒園児

クリスマスの劇

村人のための子ども学講座の開講

カノア保育園を設立して３年。

部屋に入ることもできなかった子どもたちが、今では「おはよう！」のあいさつと共に、私たちにハグをし、部屋に入っていく様は、開園当初には考えられない光景でした。

子どもたちの家族にとっても、今では"ご飯を食べさせてくれる場所"から、"共に学ぶ場所"となり、子どもたちがやっている遊びや、私たちが行う活動一つ一つに興味を持ち、関わってくれています。

長期休み（７月と１月）には、私とエヴァさんとエリアーナが講師となり、家族に対して「子ども学講座」を企画しました。

◎なぜ私たちは遊びを大切にするのか　◎子どもたちにとってのリズム
ある生活とは？　◎子どもの発達について　◎自由画から見えること

などをテーマに、お菓子を食べ、コーヒーを飲みながら、私たちが知って欲しいと思ったことを話し、家族からの質問や疑問に答えるという、３日間の講座です。

どれくらいの家族が来てくれるのか不安のなか、なんと３日間連続の参加が10組以上、ほとんどの家族が参加してくれたのです。

それほど、新鮮で、興味深いことだったようです。

保育園というのは、ただ子どもを預けるだけの場所ではない。家族も共に学び合える場所なのだと、私はこのとき初めて知ったのでした。

旅立ちのクリスマス劇

カノア保育園の第1期生、12名の子どもたちが卒園する日が近づいてきました。ブラジルは年末が年度末にあたるので、12月のクリスマス会を最後に、子どもたちは卒園していきます。

カノア保育園では卒園式は行なわず、このクリスマス会を、子どもたちの旅立ちの日とすることにしました。

クリスマス劇『キリストの誕生劇』を披露する子どもたちの姿は、本当に堂々としていました。この3年間の子どもたちの成長に、エヴァさんと私は村人たちと共に感動し、涙しました。

そのなかで、劇の主役を務めたマリーザの変化を忘れることはできません。

マリーザ
自分らしさを発揮

Mariza

カノア保育園の設立当初からいたマリーザは、5人兄弟の3番目。下には産まれたばかりの双子の妹がいましたが、一人は死産だったため、今は4人兄弟です。そのほかにも、父親違いの兄弟がたくさんいて、そのなかの一人は一緒に住んでいました。

もう一人は結婚をして、向かいの家に住んでいた姉で、その子どものウェルトンは、カノア保育園ができた頃から通っている園児の一人でした。

マリーザの家族はとても貧しく、父親は漁師でしたが高齢で、まだ小さい息子と一緒に漁に行くこともできず、日々の食事にも困るほどでした。

マリーザは肌の色が浅黒く、髪はくせ毛です。体はとても細く、手足は骨と皮しかなく、しかも、お腹だけはぷっくりとして、はたから見ても栄養失調であることが分かりました。

しかしとても賢く、周りをよく見ている子どもでした。
カノア保育園で、子どもたちが部屋の中で過ごせるようになったとき、一番
最初に椅子に座ってくれたのもマリーザでした。

そんなマリーザは、劇が大好き。目をキラキラと輝かせ演じるのでした。
歌を歌うことも好きで、いつも一生懸命に口を開けて歌います。
カノア保育園で過ごす最後の年のクリスマス会で行う『キリストの誕生劇』
の主役、聖母マリア役を射止めたのはマリーザでした。

入園当初、人を見るときも不安そうに見つめていたマリーザ。
話している声があまりにも小さく、耳を澄まさなければ聞こえないほどだっ
た彼女の声。
それが、クリスマス会のときには、大勢の人の前で、堂々と、大きな声で演
じることができたのです！

手前中央 マリーザ　左 ホジレーニ　右 ヴィヴィアーニ

その後小学校に行った彼女は、いつもクラスのリーダー的存在で、クラス発表をするときには、積極的に前に出て話す子どもになりました。

自分にも自信がなかった、そんな姿のマリーザはもうどこにもいません。自信に満ち溢れ、前を向いたマリーザの姿がありました。

マリーザとヴィヴィアーニ。彼女たち二人はその後もライバルとして、親友として、二人で歩んでいきました。

小学校、中学校、高校。成績も良く、将来を見据えていつでも前を向いて歩いていく彼女の姿は、私たちにとってとても嬉しいものでした。

エヴァさんの保育哲学

保育園時代のマリーザは本当に良い子で、何も言わなくても何でもできてしまう、優等生タイプの子でした。

保育園の中で、よくトラブルを起こすジョナス、ブルーノ、アイルトンのやんちゃ3人組に比べ、マリーザは、そこにいることさえ忘れてしまいそうな子どもだったからです。

しかしエヴァさんは、私がマリーザのことをきちんと見ていないことに気づいていました。

「私たちは、目の前にいるすべての子どもたちをきちんと見てあげなくてはいけない。だからこそ、手のかからない、良い子であるマリーザのことは、意識して接していこうと思わなくてはいけないのよ」と。

その言葉にハッとしました。

それからは注意深くマリーザを見るように心がけ、「何をしてるの？」と声をかけたりしているうちに、こちらのアクションに対して笑いかけてくれるようになりました。言葉のやりとりは少なくとも、グッと距離が縮まったのを感じたのです。

目の前にいる一人ひとりの子どもを意識して見ていかなければ、見過ごしてしまい、時間はどんどん過ぎてしまうことに気づかされました。

エヴァさんのこの言葉は、今でも私の中に深く残っています。

ダンサ・デ・ココ
マリーザの父親、アルイーゾ氏（Sr. Aluiso）は、村に伝わる伝統的なダンス、ダンサ・デ・ココ（Danca de Coco）という漁師の踊りを私たちや子どもたちに教えてくれ、失われつつあった村の伝統を伝承してくれた人。彼は病で亡くなったが、その伝統的な踊りを引き継ぐグループがエステーヴァン村にはあり、マリーザの姉で、私たちと一緒に働いているマリエッタは、そのグループに参加し、一緒に踊っている。

村に2〜3頭いる馬。今でも荷馬車として利用されている。

小学校へ通えない？

保育園を卒園した子どもたちは、小学校就学前教室※に通い始めます。

新しい道を歩み始めた子どもたちを誇りに感じる一方、私たちは、ドッキドキの不安のなかにいました。

果たして子どもたちは、毎日学校に通ってくれるだろうか？　学ぶということに対して、興味を持ってくれるだろうか？

心配はあるものの、今私たちの目の前には、新しい子どもたちがおり、その子どもたちや家族と向き合う生活が始まっていました。

２週間が過ぎた頃、卒園した子どもたちの家族が保育園に怒鳴り込んできました。

なんと、12名すべての子どもたちが、学校に通っていないというのです！

母親たちの訴えに、すぐにエヴァさんと私は小学校の分校へと向かいました。

担任の先生に話を聞いてみると、１週間を過ぎた頃から、子どもたちは学校に来なくなったというのです。特に学校で何かあったわけではないようです。

全員行かなくなったのには、何か原因があるはずだと、12名の家庭訪問をして分かったことは、子どもたちが保育園と小学校の違いに戸惑い、体調を崩しているということでした。

先生が自分たちと目すらも合わせてくれない。先生はいつも黒板の前に立ち、自分たちは話を聞くだけ。誰も自分たちの話を聞いてくれない。ハグをするといった温かな関係はなかった、というようなことでした。

私たちはカノア保育園を作ることに精一杯で、保育園から小学校への橋渡しについて、まったく考えていなかったのです。

※ブラジルでは７歳から小学１年生になるので、保育園を卒園した６歳の子どもたちは、１年間小学校就学前教室に通うことになっている。

「カノア保育園なんてものを作ったから、うちの息子はこんなにも苦しんでいるんだ！　保育園なんて作らなければよかった！」

「小学校に通えるようにしてくれるって言ったのに、嘘つき！」

お母さんたちが保育園に血相を変えてきた、あの日の言葉が頭から離れませんでした。

初めての卒園児たち。しかも、私自身はカノア保育園を作ってから３年間の活動と決まっていたので、もうすぐ日本に帰ってしまうのです。

このままではカノア保育園は明日にでもなくなってしまうかもしれない。

この３年間、村の人たちと一緒に作ってきたカノア保育園。それは無駄だったのだろうか？

そしてエヴァさんと私は考えに考え、決断したのです。

「私たちが小学校就学前教室をやるしかないね」と。

小学校就学前教室開講

急遽、小学校就学前教室を開講することになった私たち。後期8月からの開講を目指す、ということを地域と保護者の皆さんに説明をし、納得してもらいました。

このとき3月。残り5ヵ月ですべてを整えるなど、私には想像もつかないことでしたが、みんなでそれを成し遂げなければなりません。

まず、アラカチ市の小学校就学前の施設見学に行ってみると、小学1年生になったときに授業をしやすくするために、小学校就学前教室では前もって同じカリキュラムを実施しておく、ということのようでした。

そこで私は、すでに小学校就学前教室や学童もやっていたサンパウロの保育園に行き、そのあり方や教え方を学んでくることにしました。

もう一つ私には、大切なミッションがありました。

それは、小学校就学前教室の先生になってくれる村の人に、指導をしてくれる人を見つけてくることでした。

私たちには、その人に支払うだけの資金がないので、ウテ・クレーマーさんと相談し、モンチ・アズール・コミュニティー協会で働いているということにしながら、1年間、私たちのもとに人を送って欲しいと頼みました。

するとウテさん、すんなりOKしてくれただけではなく、私たちの下で一緒に働いてくれるという女性に心当たりがあるというのです。

その人の名前はマリレーニ。既に10年近くモンチ・アズールで保育園や幼稚園、小学校就学前教室で働いていた先生でした。

こんなチャンス、逃してはならぬと、私はすぐに彼女のもとに向かいました。
実は以前、この協会の保育園で働いていたとき、彼女と面識があったのです。
３年ぶりに再会した彼女が言った初めの言葉は、
「真由美、私を迎えに来てくれたの？　いつでもあなたと一緒に行くわよ！」
でした。

小学校就学前教室での実習は、私にとっても初めての経験ばかりで、まるで
一人の生徒のように、毎日学ぶことが楽しくて仕方がありませんでした。
そこでの３ヵ月間の実習を終え、マリレーニと共に６月の終わりにカノアに
戻りました。

一方エヴァさんは、エステーヴァン村の中で、私たちと一緒に働いてくれる
人を探していました。
私は、村の中で教師となる人がすぐに見つかるとは思えなかったのですが、
そこはエヴァさん、すでに目星をつけていたらしく、私がサンパウロにいる
間に話をつけ、実習生という形で保育園で働くまでになっていました。
彼女の名前はルシアーナ。
１年でいなくなるマリレーニからあとを引き継ぐ役目も担っていました。
とても頭の良い彼女は、７月の１ヵ月間、マリレーニと私と共に、小学校就
学前教室での過ごし方、教え方、カリキュラムやその目当て、目標に至るま
でを考え、まとめ、準備を整えることができました。
そして８月。
それまで学校にほとんど通っていなかった12人の子どもたちは、全員そろっ
て私たちの用意した教室にやってきました。初めてのリュックをしょって。
その中には真新しいノートと鉛筆、消しゴムが入っていました。それらは私
が日本の皆さんからいただいた、子どもたちへのプレゼントでした。

学校に通うことが難しかった子どもたち12人全員が、1週間を無事に過ごすことができました。

何よりも嬉しかったのは、みんなが楽しいと喜んでくれたこと、毎日真剣な顔と、笑顔を教室で見ることができたことでした。

文字や数字との出会い。新しいものを学んでいるときの子どもたちにとって、何にも代えがたいほど、面白いことだったのです。

あれほど怒り、心配していた保護者たちもまた、笑顔で接してくれるようになりました。

1ヵ月が経ち、保護者会を開いた私たちは、みんなで泣いていました。それは、子どもたちを思い、子どもたちの将来のために全力を尽くした、家族、村人、エヴァさんや私たち自身に対しての、喜びの涙でした。

一人ではできなかった。文句を言われ、あきらめていたらできなかった。保育園をこのまま続けることは難しいかもしれない、とすら思えた私たちにとって、この日は記念すべき1日となりました。

カノア保育園の前でエヴァさんと子どもたち

学童教室

保育園設立から3年、新たに小学校就学前教室を開校した私たち。そこに通っていた子どもたちも、もう少しで卒業となり、来年からは晴れて小学1年生となります。

保育園から小学校への橋渡しも今度は上手くいっているようで、来年小学校に行くのが楽しみで仕方がない様子の子どもたち。

年末が近づくにつれ、小学校分校の生徒たちとの交流も盛んに行なわれ、小学校の先生との距離も近づき、その日が待ち遠しそうです。

一方、私たちはまた新たな事業展開に向け、話し合いを進めていました。

それは、小学校に入学した子どもたちを受け入れるための、学童教室開講についてでした。

ブラジルの学校は3部制※となっており、主要教科を教えるだけの時間もないほどです。そのため、小学生も午前中は朝7時に登校し、11時に下校するまで、椅子に座りっぱなし。ずっと、先生の話を一方的に聞いているだけの時間を過ごすことになります。

しかし私たちは、芸術的感覚に優れた子ども、絵を描いたり工作をしたり、手仕事が好きな子ども、体を動かすことでは誰にも負けない子どもなど、勉強以外の方面にたけている子どもたちを知っています。

その子どもたちに何かできないだろうか？　私たちは自然とそんなことを話し合うようになっていました。

※朝7〜11時　昼13〜17時　夜17〜20時。夜の部は日本の夜間学校と似た扱い。カノアでは朝の部か昼の部を保護者が選べる。1日に4時間程度しか学校に通えないため、主要教科のポルトガル語、算数、理科、社会を中心に教えていて、体育や家庭科は必修だが最近まで有名無実だった。

そのようなとき、子どもたちの保護者が私たちを訪ねてきたのです。

彼女たちは言いました。

「あなたたちが私たちの子どもにしてくれたすべてのこと。そのことにまず
は感謝をさせて。だけど、今、あなたたちにもう一度、お願いしたいの」

「私たちの子どもを、小学校に行ったからといって、見捨てないで！」

「うちの子は絵を描くことがとっても好きなの。彼の帆船(ジャンガーダ)の絵、見ている
でしょ？」

「うちの子は勉強はまるっきしダメ。でも、走らせたら誰にも負けないわ。
木に登るのだってね！　でも、それは学校では評価してもらえない。彼に
とって、彼を丸ごと受け止めてくれる場所が必要なの」

彼女たちは一人ひとり、自分の子どもたちの話をしながら、私たちに訴えて
きたのです。そしてエヴァさんは言いました。

「実はね。私たちも今、彼らに何かできないかと考えていたところなの。学
校に行っていない時間帯、彼らを預かって、絵を描いたり、手工芸をしたり、
森を散策したり……そんなことができないかってね」

すると彼女たちは大きな声でこう言ったのです。

「そうこなくっちゃ！　私たちは何をしたらいい？」

こうして私たちは、小学校に通っていない時間、午前中に小学校に行ってい
れば午後の時間に、学童教室を開講することに決めたのです。

問題となる学童教室を担ってくれる先生には、すでに私たちに考えがありま
した。小学校分校で助手として働いていたマルシアーノ（Marciano)を迎
え、学童教室を開講することです。

彼は高校の教育コースを卒業したばかりでした※。

※ブラジルは当時、高校の教育コースを卒業した人が小中学校の先生として働いていた。

マルシアーノは、私にポルトガル語を教えてくれていた人、そして後に、私の夫となった人でした。

そして、保育園ができたことで、母親の姉妹同士といった、これまであった家族間のつながりだけでなく、同じ子どもを抱える母親同士のつながりが強くなるという、大きな変化をこの村にもたらしたのです。

私の滞在はすでに5年目となっていました。

学童で野外授業をするマルシアーノ

麻薬教育

「選択できる力」を育てることを目指した私たちでしたが、一方「選択する」というのは、自分の人生に責任を持つということでもあります。

夢をかなえることができる"力"を持っていても、今でも麻薬の売買に手を染める人、売春をする人もいます。

それは、人間関係や周りの環境など、自分一人ではどうにもならない状況に追い込まれていることもありますが、自ら選んで、その道を歩む人もいます。

そんな人を見ると私は、心がずきずきと痛むのです。

「何が足りなかったのだろうか？」「何をすれば良かったのだろうか？」

私の手に及ぶことではないのだと分かっていても、考えずにはいられなくなります。

ブラジルでは麻薬の脅威がとても身近なため、義務教育のなかで、この地域ではどんな麻薬が流行していて、人体にどんな影響があるのか、もし売人に誘われたり薬の中毒になって抜け出したいときには、どの人に頼ってどの機関に相談すればいいのか、対処方法に至るまで具体的に学びます。

私自身も子どもの権利条約の委員になり、そうした子どもたちが、助けを求めるメンバーの一人になって活動しています。

それでも、麻薬の更生施設になんとか入れてもらった子が、再犯をしてしまったときにはがっくりきてしまいます。

エヴァさんやウテ・クレーマーさんに相談することもありました。

彼女たちは、豊富な経験をしていますから、どこまで手を貸すのかの線引きがはっきりしています。

個人としてできること、教育者としてできること。どんなに言ったって駄目なものは駄目なときがある、という割り切りが、ある意味冷たく思えたりします。

再犯するような子に対しては、

「真由美はもうその子に関わらないほうがいい。その子が本当に自分の力で立ち直りたいと思ったとき、必ず関わることになる。それまではもう手出しはしないほうがいい」と言われたことがありました。

私はその線引きがどうしてもできないタイプで、今でも「なんとかできないかな」と心のどこか考えてしまいます。

「もう最後だよ！」と言いながら施設の予約を取ってみたり、

「もう最後だよ！」と言いながらその子のお母さんやおじいちゃんに、

「もう一回家にあげてください。この子が道で寝ることになっちゃうんです」と頼みに行ったりしてしまいます。

最近はそういうことをすると、マルシアーノに、

「お前が入っていくことじゃないよ、それは」とものすごく怒られます。

エヴァさんにも未だに、

「あなたはもっと現実を見て、大人にならなくちゃいけない」と言われます。

「そうは言われても……。ここで本当に手を放してしまったら、戻れなくなるんじゃないか」

と考えてしまうのです。

「あなたはまだ傲慢さが抜けてないわね。あなたにそんな力はないわよ」

と、エヴァさんやウテさんにはスパッと言われます。

それでも昔よりは状態を見ながら、この子は放っておこう、といった見極めもできていますが（エヴァさんにはもうとっくにその段階じゃないと言われます）、この難しさを感じながら、今でも悩みは続いています。

「光の子どもたちの会」設立

Associação Crianças de LUZ

2005年頃、私たちは大きな決断を迫られていました。

これまで保育園の活動を支援してくれていた団体から、援助が打ち切られることになり、急遽保護者会を開きました。そこで、今後カノア保育園を継続していくことが難しくなってきたことを、率直に話すと、
「残念ながら私たちは月謝を払うことはできない。でも、私たちが何か手伝えることはないか？」
「私たちが作っているラビリント（伝統的な刺繍の工芸品）を売って、子どもたちのご飯代くらいになるのでは？」
保護者の誰一人として、保育園を閉めるという話をしませんでした。
保護者だけではなく、ほかの住民たちも集まり、どうしたらこの保育園がこの村で続けていくことができるのかを話しているのです。
私自身は、支援もなく続けていけるほど、保育園運営は簡単なものではない、このままなら保育園を閉めざるを得ない、と考えていました。
しかし、村の人たちは違いました。

ラビリントを織るピッケーナ

私だけが、保育園を閉めてこの村を出ていくことを考えていたのです。
私は涙が止まりませんでした。

それならば、私にできることを考えよう。まずは、支援を受けることができ
るように、団体を立ち上げなければいけない。現地で法人化して、直接支援
を受けることができるようにすれば、保育園の活動を継続していくことがで
きるかもしれない。
そこで、現地法人にするために、弁護士の知人に頼み、法人化の準備を進め
ました。

こうして2005年12月、私たちは「Associação Crianças de LUZ（光の
子どもたち協会）」を設立することができました。
それと同時に、任意団体として、「カノアの活動を支える会」を日本でも立
ち上げ、中小企業や様々な助成金を通じて、どうにか支援を受けることが可
能となったのです。その後、2015年に任意団体からNPO法人「光の子ども
たちの会」となりました。
そして、活動を続けていくための仲間も集まるようになりました。
それが、2006年7月のことでした。

エヴァさん、カノアを去る

この頃から、エヴァさんは体の不調を訴えるようになってきました。

血液検査をしても、何も分かりません。それでも、仕事に出られないほどの体調不良が続きました。

足のむくみ、体のだるさ、皮膚の赤み。それぞれの症状が一つに繋がっていると考えることは、私たちにはできず、小さな町の医師にも難しいことでした。

サンパウロにはエヴァさんの娘たちがいて、信頼できる医師もいるとのことでした。

エヴァさんが担任を退き、村の住民であるスタッフたち（2人は大学の教育学部を卒業しています）を担任として、保育園を継続させることはまだ先の話だと思っていました。

しかし、彼らはスタッフとして育ってきており、こんな状況でも保育園を継続したいと望み、続けていく力が彼らにある。

「今なら大丈夫！」
そう思った私たちは、安心して彼女たちに現場を任せ、エヴァさんをサンパウロの病院へ送り出しました。

サンパウロに戻ったエヴァさんから連絡が来たのは、それからしばらくしてからのことでした。彼女の病名は、「全身性エリテマトーデス」。
「日の当たる場所で暮らすことはできない」そう、彼女は言いました。
赤道直下のこの村。ここでの生活は、今の彼女にとって一番避けなければならないものとなってしまったのです。
「私たちで、この保育園を村に継続させよう！」と協力し合った村人たちは、それ以降、今まで以上に活動に積極的に関わってくれるようになりました。

エヴァさんと私が保育園を立ち上げる際にいつも言っていたこと。
「私たちはいつここを去ることになるか分からない。だからこそ、村の人たち自身が自分たちでこの保育園を運営できるようにしなければ！」
この言葉が現実のこととなったのです。

未来に夢を持てるようになった村

小学校も中退する人がほとんどだったこの村で、現在では、ほとんどの子どもは高校へと進学し、中には大学へ進学する人もいます。
大学を卒業した人は7人。その内の6人が、なんと女性です。
大学卒業後は、教師、弁護士、社会福祉士となった人たちがいます。
「将来の夢を持つことができるようになって欲しい」
「自分の将来を選択できる、生きる力を身につけて欲しい」
と願って保育園作りに取り組んできた私たち。
以前のように、漁師になるしかないから……と、夢さえも持つことができなかったときとは異なり、今ではそれが夢ではなく、現実となってきています。

フラビアーニ
カノア保育園を
支えてきたスタッフたち

カノア保育園が、これからもエステーヴァン村にあり続けるためには、村の人たちが保育園を担っていかなければいけない。それは、エヴァさんと私が設立当初から持っていた思いでした。

初めに私たちと一緒に働き始めたのは、イレーニさんの長女、ゼリーニャ（Zelinha）でした。彼女はその当時まだ中学生。それでも、いつも下の妹や弟の面倒を見ていたこともあり、これから保育園の先生として育っていってくれるのではないか。そんな期待もありました。

しかし、恋人ができた後、保育園の仕事に姿を見せないことが何度かあり、一緒に働くことはできないと判断したのです。このとき、一番残念がっていたのは母親のイレーニさんでした。

「保育園でお手伝いをしていれば、娘も自分の将来をもっと前向きに考えて

くれると思っていたのに……」
そんな母親の想いは彼女に届くことはありませんでした。

そしてエリアーナ（Eliana）が私たちの元にやってきたのです。祈祷師の
アナーリアさん（Dona Analia）に育てられた彼女は、私たちが保育園を
始めた当時、高校を卒業していた数少ない子どもでした。
エリアーナはその後、長く私たちと一緒に働くこととなりました。今は、ア
ラカチ市の公立学校の幼児部の先生として働いています。

2003年。イザベル（Isabel）という女の子が私たちの保育園にやってきま
した。
15歳でイザベルを産んだ母親こそ、フラビアーニ（Flaviane）なのです。
フラビアーニは7人兄弟の4番目。妊娠が分かったとき、母親に「家では面倒
を見られない」とはっきり告げられ、彼女はイザベルと2人でおばであるマ
リアさん（Dona Maria：私の義母）の家に身を寄せることになったのです。

その当時彼女はまだ中学生で、妊娠が分かり、彼氏とは別れ、学校にも行かな
くなっていました。
それでも、子どもが生まれると、その子どものご飯だけは自分がきちんと稼い
でみせると、観光地にあるパン屋で働き始めたのでした。
3歳になったイザベルを連れて保育園にやってきたフラビアーニ。
毎日子どもの様子を細かく聞き、保育園のことも積極的に知ろうとする姿勢
に、エヴァさんは深く感動していました。

例えば、ある日海に散歩に行ったとき、ワーッと走っていった子どもが、な
ぎ倒すようにしてイザベルを転ばせてしまったことがありました。

それを聞いたフラビアーニは、

「そのときイザベルはどこを歩いていたんですか？ 真由美はどこにいたの？ エヴァさんは？ その突き飛ばしちゃった男の子は、どっからどういうふうに走ってきたの？ それなら真由美が、男の子の手を握っているというのは駄目だったの？ エヴァさんの位置ももう少し前で、真由美と挟むようにしてみることはできなかったの？」

と具体的な位置関係からその後の対策の提案までしたのです。

まだ18歳そこそこ、中学もまともに出られず苦労をしてきた女の子が、保育士顔負けの視点と理解と関わりを持っていました。

そしてある日エヴァさんは私にこう言ったのです。

「フラビアーニは、とっても良い先生になると思っているの。私たちと一緒に働いて欲しい。これからこの村で保育園を続けていくなかで、彼女はキーパーソンとなる。そんな気がしてならないのよ」と。

フラビアーニを呼び、私たちはその話をしました。フラビアーニは、イザベルを育てなくてはなりません。私たちの保育園ももちろん給料を出しますが、残念ながらパン屋さんのような福利厚生はありません。

それでも私たちは、中学をきちんと卒業し、その先には高校への進学もしたいと願っている彼女に、できる限りのサポートをすると約束しました。

恐らく彼女は、私たちが想像もできないほど考え抜いたことでしょう。

そしてある日、彼女はこう言ったのです。

「ぜひあなたたちと一緒に働かせてください」

こうしてフラビアーニは、私たちの仲間となったのでした。

2004年のことです。

フラビアーニは、学ぶことに本当に貪欲でした。そして、あらゆることに興味を持ち、私たちでも答えに窮することが多々あるほどでした。彼女の登場は、私たちにとって天からのプレゼントのように思えました。

シングルマザーの彼女は、子育てと仕事、そして学業と、多忙な日々を送っていました。夜間の中学を卒業すると、夜間の高校に通い始めました。一人娘のイザベルに夕飯を用意し、お風呂に入れたあと、おばのマリアさんに預け、学校に通っていたのです。

そして、3年後、彼女は見事、高校を卒業したのでした。

カノア保育園のスタッフで、マリーザの姉のマリエッタ

ちょうどその頃、学童教室を増やそうと考えていた私たちは、フラビアーニを学童教室の担任として、独り立ちさせることを考えました。

彼女の働きは本当に素晴らしいものでした。

2005年にカノア保育園の存続が危ぶまれ、地域住民たちと共に存続を決めたときも、彼女が中心となり、その話し合いを進めてくれました。

エヴァさんや私は、もちろんその最前線に立ってはいましたが、村の人たちの想いがなければ、私たちはこれ以上続けていく理由がないと考えていました。そのとき、村の人たちの意見をまとめてくれていたのは、フラビアーニだったのです。

そんな彼女の姿を見て、私たちは彼女が、これからこの保育園を支えていく重要な人物になる、という気持ちを強めていきました。

2007年、エヴァさんがサンパウロの家族のもとで療養を続ける決意をし、エステーヴァン村を離れたとき、私が今までエヴァさんに感じていた信頼感を持ったのが、フラビアーニでした。

「彼女がいれば、大丈夫！」心からそう思えたのです。

2月に行われるカーニバルとその準備

そしてしだいに私とエヴァさんは、フラビアーニに対して、さらなる思いを強めていきました。私たちはサンパウロにあるモンチ・アズール・コミュニティー協会に、あるお願いをしたのです。

「フラビアーニが成長していくために、この村以外の場で学ぶ機会を与えてあげたい。モンチ・アズール・コミュニティー協会の研修生として1年間働かせてもらうことはできないか？」

この申し出を聞いた創設者であるウテ・クレーマーさんと、幼稚園教諭でもあったヘナッチさんは、その場で了承してくれました。

エヴァさんも、近くでフラビアーニを支えていくことを約束し、彼女の家に住んでサンパウロでの研修をすることになりました。

教師としてだけではなく、地域と共に学び、歩んでいく。その思いをぜひ、フラビアーニに知って欲しかったのです。それには、モンチ・アズールでの研修が一番だと、私たちは考えたのでした。

2009年、フラビアーニは1年間、娘のイザベルと共にサンパウロに行くことになりました。

この間、カノア保育園は大丈夫だろうか？　そんな心配もありました。

絶対的存在感のあったフラビアーニがいないことで、今のカノア保育園と村との関係が分かるのではないか。フラビアーニ以外のスタッフが、どれだけの想いを持っていて、どんな力があり、この保育園で働いているのか、それを見極めたいという思いもありました。

そしてこの1年、フラビアーニはサンパウロで、他の職員はエステーヴァン村で頑張ってくれました。私たちが考えていた以上に、フラビアーニがいない穴を、村の人たちは埋めてくれていました。

この村に、カノア保育園はきちんと根付いている。そんな思いにさせてくれたスタッフに感謝した1年でもあったのです。

話は前後しますが、2005年12月に「光の子どもたち協会」として現地法人を立ち上げたとき、私たちは、ドイツの団体とボランティア契約を結ぶことになりました。

その当時ドイツでは、高校卒業後の1年間、兵役に就くか、社会奉仕をするかを選ぶことができました。社会奉仕をすることを選んだ学生は、ドイツ国内で活動することもありましたが、国際貢献として、団体に所属して海外に派遣される人たちもいました。

こうした学生を派遣する団体と私たちは契約したことで、ドイツの学生を受け入れ始めると同時に、毎年1人、ドイツでの研修を受ける権利を得ることができました。研修を受けられる人は、現地法人の代表を務める現地の職員ということになっていました。

フラビアーニは、サンパウロの研修から戻った2010年、現地法人の代表となりました。そして、彼女は生まれて初めてパスポートを取得し、ドイツへと行くことになったのです。

そのとき、エステーヴァン村を古くから訪れているブラジリアの知人が言った言葉が、今でも忘れられません。

「エステーヴァン村の人たちが、海外に行くのは、決まって外国人の恋人を作ってこの村を出ていくときだった。でも、フラビアーニは、自分の力でその権利を勝ち取り、ドイツに研修に行くんだ。こんな素晴らしいことはないだろう！ 人は、どんな環境で生まれ育っても、自分で道を切り開いていくことができる。彼女はそれを見せてくれている」と。

以前であれば、貧しい家庭で育ち、15歳で出産してシングルマザーとなれば、その貧困のサイクルから逃げ出すことはできず、その後の人生は苦難の歩みとなったことでしょう。

しかしフラビアーニは、自分自身で違う道も歩めるのだと、村の若者に見せてくれた初めての人だったのです。それはどんなことにも代えがたいほど、貴重なものでした。

その後フラビアーニは、大学の教育学部に進みました。日本でも、年2回の会報で彼女の頑張る姿を見ている人たちは、「学資支援」として彼女を応援してくれる人がたくさんいました。

そして彼女は無事に大学を卒業したのです。

このとき、村の中で一緒に大学を卒業した人がいました。一人は私たちと一緒に働いていたパトリッシア。彼女はフラビアーニがエステーヴァン村に戻ってきたあと、サンパウロへ研修生として1年間行っていました。

そしてもう一人は、私たちの保育園に通っていたアイルトンのお姉さん、ジッレーニです。

フラビアーニの大学進学は、村の他の若者にも影響を与えたことは言うまでもありません。

「もしかしたら、私でもできるかもしれない！」

そう思わせてくれたのです。

2017年。フラビアーニは私たちにこう告げました。

「この村を出て、他の場所で自分を試してみたい」と。

それは嬉しくもあり、私たちにとっては難しい選択でもありました。

彼女の成長をそばで見ていた私たちは、彼女がその先に見ているものを追い求める権利を奪うことはできません。彼女の頑張りを知っているからこそ、彼女の背中を押さなければならないのです。

しかしそれは、これからのカノア保育園を担って欲しいと期待していた私たちの想いが、途切れてしまうことでもありました。

そこで私たちはただ1つ、条件を付けたのです。

「2018年の1年間、今いるスタッフが独り立ちできるように力を貸して欲しい」と。彼女はそれを了承してくれ、2018年、その1年間を後輩の育成にかけてくれました。

そして2018年末をもって、彼女はエステーヴァン村を旅立っていきました。

漁村での暮らし
～結婚・子育て・文化・環境～

結婚編 〰〰〰〰〰〰

村人の憩いの場所「海の家」

朝や夕方、海岸を2〜3km散歩することが、私の日課でした。
異国での暮らし、うまく通じ合えないもどかしさなどを抱えながらの散歩は、気持ちを切り替えるのに大切な時間でした。

海岸沿いに、村で唯一の海の家があります。この海の家は、お酒を飲む人だけではなく、ちょっと立ち寄り、トランプやドミノで遊んだり、おしゃべりを楽しんだりする、村人たちの憩いの場にもなっていました。
この海の家を経営していたのが、ルシアーノさんとマリアさん。週末には息子のマルシアーノが中心となり営業していました。

私も週末には必ず立ち寄り、彼らと一緒に楽しい時間を過ごすことが多くなっていました。すると、
「せっかくここにいるんだから、少しポルトガル語を教えてあげるよ」と、マルシアーノが私にポルトガル語を教えてくれるようになったのです。

マルシアーノは高校を卒業している数少ない一人で、ポルトガル語の会話だけではなく、文法などもきちんと教えてくれました。
そこは彼の両親が息子に学業の大切さを教え、高校を卒業させていたことが大きかったと思います。
父親が初めてマルシアーノを漁に連れて行ったとき、ひどく船酔いをして、これは漁師になれないなと思い、両親は生きていけるように教育に力を入れたのだそうです。

マルシアーノの両親

ルシアーノさん（Sr Luciano）

漁師のお父さん。村に3人しかいないジャンガーダを作れる職人で、よく漁師に船の制作を依頼された。観光客にジャンガーダに乗せて欲しいと頼まれたことをヒントに、観光船の運営も始めた。
「ジャンガーダに乗って喜んでいる人がいるってことは、他の人も喜ぶかもしれないだろ？」

マリアさん（Dona Maria）

小学校分校で給食作りをしているお母さん。村の名の由来のエステーヴァンさんの孫にあたる。料理上手で村を訪れた旅人に料理を振る舞うのも大好きだった。それが評判になって軽食屋を始め、やがて海の家になった。エステーヴァン村が土地問題で大変だったとき、住民協会の代表もやっていた。

海の家でカポエイラをする村人たち

117

国際結婚へ

我が家

３年間の滞在予定でやってきたブラジル。最初はボランティアビザで滞在し、その後は、１年の半分を日本で、残りをブラジルで過ごすという生活になっていました。

日本での資金獲得のための活動や、支援者、協力者の方々への報告などで、どんどん日本の滞在期間が増えていくにつれ、村の子どもたちはその間に大きく成長していき、村人たちとの距離ができてきたように感じていました。

子どもたちの成長を見ながら、ブラジルで生活していけたら……という思いが強くなるなか、私にはその覚悟ができているのだろうか？　これからどんな人生を歩んでいきたいと思っているのだろうか？
そのようなことをマルシアーノと語り合う機会がありました。
「結婚すれば、永住ビザがもらえるから、いつでもブラジルに来ることができるし、滞在することができるよ！」
こうして私は日本に戻り、両親に、ブラジル人のマルシアーノと結婚したいと報告したのです。

このとき、もう一つ心配だったことは両親のことでした。
ブラジルに長期で行くことになったとき、「帰ってくる場所があるということを忘れないでね」という母の言葉は、私の心の支えとなっていました。
それでも、何かがあったときに、すぐ駆けつけるには遠い距離です。
そんなとき、妹が私に言いました。
「お父さんとお母さんのことは心配しないで、私がいるから」
この言葉を受け、私は結婚を決意しました。
私の両親は彼と直接会ったことはなく、写真を見せただけでしたが、国際結婚だからという理由で反対することはありませんでした。
そして2003年５月、私はマルシアーノと結婚したのでした。

家を建てるとき、砂地であるこの村では、間取りを砂の上にお絵描きのように書いてから、そこを掘ってレンガを埋めて土台を作る。

マルシアーノと私

掃除は女の仕事

私と結婚したマルシアーノは、できることはその人がやるということを決めていた
ので、料理があまり得意ではない私にかわって、ほとんど彼が料理を担当しました。
「家事を男が手伝うなんて言語道断！」そんな雰囲気が残るなか、当然のように掃
除や食器洗い、料理に洗濯をしてくれました。

ある日、マルシアーノがベランダを掃除していると、彼のいとこのザジーニャが家
の前を通りかかり、

「何やってんの。お前がしなくてもいいだろ。結婚したんだから、彼女にやっても
らえよ」

ザジーニャはマッチョで、村の若者のリーダー的な存在です。

そんな彼に笑われながらも、マルシアーノは、躊躇することなく、家事を手伝って
いました。

16年経った現在では、村では、家事は女の仕事という考えはほとんどなくなり、
女でも男でも、掃除、洗濯、料理などやるようになりました。

エステーヴァン村

あだ名だらけの村

エステーヴァン村は、3家族から始まったという歴史があり、苗字が同じ人が多く、名前が別でなければ、誰が誰だか分からなくなります。

それにもかかわらず、なぜかこの村では、ブラジルでよく使われる、"Maria"（マリア）"Francisca(o)"（フランシスカ（コ））"Jose"（ジョゼ）"Joao"（ジョアン）といった名前の人ばかりがいます。

「マリア」と呼ぶと、たいてい3～4人が「何？」と大声で返してきます。

そのためか、村の中ではお互いのことを、あだ名で呼び合うことが習慣になっています。

村には番地もないので、住所はみんな同じ。郵便物が届くと、郵便物を受け取った村人が、誰に届いたものかを探す、という現象が起こります。

それでも、各家を訪問しながら立ち話をし、近況を報告し合うことは、エステーヴァン村の人たちにとっては大切な日常で、それを面倒だと感じる人はあまりいません。

暖かで、海辺にあるこの村。ハンモックに揺られながら、ゆったりした時間の中で過ごすことに慣れている彼らにとって、こうしたひと手間かかることがまた、楽しみでもあるようでした。

垣根のない家

村が一つの家族。本当にそれを表しているような場所で、家を建て、子育てを始めた頃は、我が家には有刺鉄線にヤシの実の葉を刺した塀しかありませんでした。囲いそのものがない家もたくさんありました。

義母の家では、親せきはもとより、家族ではない村の人たちまでが勝手に家の中に入り、水を飲んだり、鍋のふたを開けご飯を食べたり、テレビを見たりという光景がたくさんありました。

しかし私には、自分の家の中を勝手に歩かれたり、掃除をするからと、物に触れられることに抵抗がありました。「洗濯しようか？」「掃除をしようか？」と、我が家にやってきてくれる人たちに、「大丈夫」と言って、断っている自分がいました。

我が家のルール

義母は、私が日本という国で生まれ育ち、異なる環境の中で教育を受けてきたことを理解し、認めてくれていたので、私がどんなに否定的になっても、「真由美にとっては不思議なことなんだね」「真由美は嫌だと思うんだね」と、それを受け入れてくれました。そんなこともあり、我が家にはいつしか、こんなルールができました。
【表のドアが閉まっているときは、休んでいるとき】
村の人たちは、我が家の表のドアが閉まっているときには、そっとしておいてくれたのです。こうした配慮に私はとても助けられました。

囲いのない家で暮らす、周りの人たちと寄り添い、支えながら暮らす。
言葉では素晴らしく聞こえたものが、いざ"パーソナルスペース"を過度に脅かされると、やはりいい気持ちはしませんでした。
もしここで、「村ではこういう習慣なのよ！」と言われてしまったり、無理をして、自分が嫌だと思うことも受け入れ続けていたら、今、私はブラジルで暮らしていなかったかもしれません。

ご飯とフェジョン（手前）とピラオン（奥）

煮物は母の味

ブラジル料理というと有名なのが、シュラスコ（Churrasco）に代表される、肉料理。それぞれの地域によって味付けや代表的な料理が異なります。

私が住んでいるセアラ州の代表的なものは魚料理。なかでもピラオン（Pirão）という塩味で煮込む、とてもシンプルな料理が有名。

今はご飯と一緒に食べますが、一昔前までは、マンジョッカ（Manjoca）というタピオカと同じ芋のでんぷんに煮汁を混ぜたものと一緒に食べていました。日本ではご飯とみそ汁がワンセットとなっているように、ブラジルではご飯とフェジョン（Feijão）という豆料理がワンセットとなっています。

ピラオン

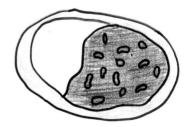

フェジョアーダ

薪のおかげ

私が初めてこの村を訪れた2000年頃は、小さなプロパンガスのある家はありましたが、半分以上の家は家族総出で森に薪を取りに行っていました。

乾燥して乾いた木の枝を結わえ、頭の上に載せて、砂丘を降りていきます。

ある日、フェジョアーダ（黒豆を豚の耳や豚足などすべての部位の肉と一緒に煮込んだ料理）を食べさせてくれるというので、友人宅に出かけていきました。

ご飯にフェジョアーダがかかり、ファロッファ（マンジョッカのでんぷんで作ったふりかけのようなもの）が添えてあるものを2つ出されました。

「2つとも真由美のだよ。食べてみて！」

両方食べてみると、どちらも同じものなのに、どことなく風味が違います。

「どちらもおいしいけど、私は2つ目の方が好きだな」と答えました。

「真由美は本物の味がちゃんと分かるんだなぁ。さすがだよ。やっぱりこっちの方がおいしいだろ？　材料は一緒。調味料なんてほとんど使ってない。違いは何だと思う？」

「こっちは薪で作ったんだよ。やっぱりフェジョアーダは薪で作らないとな」

私がおいしいと感じた方は、森でとってきた薪で作ったものだったのです。

毎日薪を使って料理をするのは、大変なことです。それでも、特に年配の村人は薪を使って料理をすることを好みます。

現在は、薪を使っている人はほとんどいません。それでも、フェジョアーダや、ガリーニャ・カイピーラ（地鶏の丸ごと煮）を作るときは、今でも薪を使う人がほとんどです。

出産編

初めての出産

しばらくして妊娠が分かりました。
通常は住んでいる地域の保健所で妊婦健診するのですが、設備不良、人材不足に加え、私の疑問に対して納得できる答えを聞くのは難しいと思い、妊婦健診は他の場所で受けようと決めたのでした。

そこで、数年ぶりにアラカチ市内にある公立病院「サンタ・ルイザ・デ・マリラッキ」を訪ねることにしました。
この病院は、私が通訳の手伝いをしていたJICAのプロジェクト「出産のヒューマニゼーション※（Projeto de LUZ）」に参加していた病院で、産婦人科と小児科を専門としています。

プロジェクトはすでに終了して3年経っていましたが、病室だけでなく、リラクゼーションルームがあり、出産の体位を固定しないなどの実践をしていて、私が想像する出産に近いと思えました。
そして、当時このプロジェクトに助産師として関わり、私のことも覚えていてくれた、ファウスチーナさんが担当してくれることになりました。

「真由美、大丈夫。あなたとあなたの赤ちゃんは、私が一緒に見守ってあげるからね」
そう言って、私の手を握り、ハグしてくれた温かさに、彼女の気持ちが伝わってくるようでした。
「彼女が一緒にいてくれるのなら、ブラジルで出産しよう」
そう、私は決めました。

妊婦健診に付き添うマルシアーノ

家事どころか、妊婦健診にまで付き添うマルシアーノを見て、村全体にも戸惑いが広がっていきました。
しかし、彼は「自分が間違っていることをしているのならまだしも、俺も楽しみにしていることだから、別に気にならなかったよ」と周囲の冷たい目線を一向に気にすることもなく、毎回ついてきてくれました。
口数も少なく、大きな声で喜んだりすることのない人ですが、自分が決めたこと、選んだことに関しては、まっす

※ブラジルは出産の55.5％が帝王切開の国。南米は世界的に見てもその割合が高く、ブラジルはその中でも第2位。そのため、自然分娩の認知を広めるために、このプロジェクトが実施された。

ぐに進む姿に、感謝と誇らしさを感じたものです。
そして、妊婦健診で聞いたこと、今度聞きたいことなどを二人で話し合い、義母にも話を聞きながら、出産の日を楽しみに待ちました。

立ち会い出産

妊娠は順調で、生活を大きく変える必要がなかったことは、異国での妊娠生活をする私には、とても大きいことでした。
長女の出産予定日は6月29日。お祭りが次々に催される時期（フェスタ・ジュニーナ）です。
「このにぎやかなお祭りの中、生まれてきそうだね！」と、ブラジルの友人たち。

そして7月8日。出産予定日から10日も過ぎていました。
このままだと帝王切開もあり得る、という説明を受けたときに初めて、
「どうしよう？」と、頭の中が真っ白になりました。
するとお腹の中の赤ちゃんは「今出てあげないと大変なことになる！」と思ったのか、入院してから12時間、

陣痛を感じてから7〜8時間。日付が回った24時過ぎに娘が誕生しました。
この病院では立ち会い出産をしたことがありませんでした。
ファウスチーナさんの計らいで、彼は分娩室に入ることができ、へその緒を切ることができました。
この病院で初めての出来事でした。
その後、この病院でも立ち会い出産が認められるようになりました。

命名

1．日本とブラジルで、どちらの両親も発音できること
2．Mから始まること
私とマルシアーノが二人ともMから始まる名前だったからという単純な理由で、この2つを命名の条件にしました。
そして、日本の家族とも相談しながら、最終的に女の子であれば「MIRIA」という名前に決まりました。
漢字は「美莉亜」。日本の家族が会議を開き、みんなで決めてくれました。
こうして「美莉亜（MIRIA）」と名付けられた女の子が、私たちの元にやってきたのです。

産湯が真水！？

出産後、何の問題もなく退院となり、迎えに来てくれたマルシアーノと自宅に戻ると、義母と義姉が待っていてくれました。

「疲れているでしょ？　少しベッドで休んだらいいよ」

と言ってくれた義母に感謝し、寝室でうとうとしかけたそのとき、まるで獣のような泣き声が家中に響き渡りました。

びっくりした私はベッドから飛び起き、ダイニングへと走りました。

義母に抱かれた裸の娘が、あの泣き声の主だったのです。

「どうしたんですか？」と、驚いた私は娘を受け取ると、

「お風呂に入れてあげてただけよ」とすまし顔。

不思議に思った私は、娘の体が冷たいことに気がつきました。

ベビーバスに手を入れてみると、

「冷たい！」

なんと、そこに入っていたのは、真水だったのです。

「生まれたばかりの赤ん坊を水風呂に入れたんですか？」

怒る私を不思議そうに眺めた義母は、

「そうよ。あなたの家のシャワーだって、お湯は出ないでしょ？　水で入るのが当たり前じゃない。ここは暑いんだから……」

あまりの驚きに、言葉も出ませんでした。

「すみません。お風呂は私が入れるので大丈夫です」

私は義母にそう言い、お湯を沸かすと人肌程度のお湯で娘をお風呂に入れたのでした。

布おむつ

ブラジルにも紙おむつはありましたが、その素材は粗悪で、娘はすぐ、お尻がかぶれてしまいました。そこで、日本から持参していた布おむつにしました。常夏と言われるカノア。娘が寝ているときに洗って干しておくと、2時間程度ですぐに乾きます。

我が家にはまだ洗濯機がなかったので、洗濯はすべて手洗い。

「布おむつだと大変だよね」

と言われても、手で洗濯をしているのんびりとした時間が、私にとってはとても貴重で、気持ちに余裕をもたらしてくれました。

娘の洋服はすべて、ココナッツ石鹸で洗っていました。この村のココナッツ石鹸、汚れが取れ、とても良い香りがし、柔軟剤も何も使わなくても、さらに柔らかく仕上がるのです!

初めての子育て。それでも、こうした一つ一つがとても楽しいと思えるものでした。

たくさんの助けで……

お風呂に入れることを拒否された義母ですが、毎日のように食事を持ってきてくれました。これには彼と共に本当に感謝しました。

もう一つの喜びは、私の妹が仕事を1ヵ月近くも休み、ブラジルに手伝いに来てくれたことです。

慣れない国での初めての出産に育児。戸惑うことも、気を使ってしまうことも多いなかで、妹であれば、気兼ねなくお昼寝ができるし、日本語で話ができます。この"日本語で話ができる"というのも、私にとっては大きなストレスの解消でした。

また、初めての妊娠、出産のなかで、日本の家族とゆっくり話すことができず、寂しくも感じていました。

そんなときの妹のブラジル訪問。どれだけ心強かったか!

妹に甘えてばかりの休息の日々。体をゆっくり休めることができました。

祈祷師 アナーリアさん

Curandeira、Dona Analia

エステーヴァン村には、アナーリア
さん（Dona Analia）という祈祷師
（Ｃｕｒａｎｄｅｉｒａ クランデイラ）がいました。彼女は
エステーヴァン村の由来ともなった、
エステーヴァンさんの娘です。
84年前、17歳のとき、エステーヴァ
ン村に移り住んだときのことをよく覚
えていて、私もこの村の成り立ちの話
を聞くのが大好きでした。

私が祈祷師としてのアナーリアさんと
出会ったのは、美莉亜を出産してから
です。

美莉亜が少しぜこぜこと息をしている
のを見て、義母が「アナーリアさんの
ところに行くように」と言いました。
早速、美莉亜と共に訪ねると、私に椅
子にかけるように言い、庭先に植わっ
ている、手の平ほど
の木の葉を水に浸し、
その葉を十字を切る
ようにパタパタさせ
て、おはらいを始め
たのです。

おはらいに使う葉

何を言っているのか分かりませんでしたが、なぜか美莉亜は、先ほどまでの息づかいが嘘のように、私の腕の中で気持ちよさそうに、すーすーと寝息を立て始めました。そして、
「今日から３日間、ユーカリとシナモンで作ったハーブティーをお風呂に入れてあげなさい。お風呂に入れる前に、そのハーブティーの湯気の近くで、ゆっくりと呼吸をさせてあげるともっといいわよ。そして、お風呂から上がるとき、そのハーブティーを少し飲ませてあげるといいわ」
と教えてくれました。

この村では乾燥したユーカリやシナモン、レモンバームにローズマリーなどが、家に備蓄されています。
我が家にはなかったので、義母からもらい、３日間、お風呂に入るときには、欠かさず言われたとおりにハーブティーを使っていました。
すると、鼻詰まりも、呼吸も良くなったではありませんか！

美莉亜が生まれ、ブラジルにはおまじないとして、いくつかの習慣があることが分かりました。

①金の手がついたアンクレット
生まれたばかりの子どもには、悪いものがつきやすい。それを払うためにつけるもの。美莉亜も、曾祖母からもらったアンクレットを、きつくなるまで身につけていました。
②しゃっくりが止まらないとき、おでこに赤い糸を丸くしたものを貼り付ける
東洋医学で印堂と呼ばれるつぼですが、そこに湿った赤い糸を丸めてのせると落ち着きました。しゃっくりをするたびに、おでこに赤い湿った糸を丸めたものをつけました。

アナ―リアさんはとっても不思議な人で、ふらりと散歩に来たとき、家に入った途端に「風邪を引きそうだわ」「お腹が痛いのかしら？」と何かを察知する感じで、薬草を用いた治療方法を教えてくれました。
「こうしたらいいよ」と優しく教えてくれる、そんなほんわかした時間が私は好きでした。

我が家の娘が、大きな病気もせずに元気に過ごしてこられたのも、アナ―リアさんが教えてくれたことを実行していたからなのではないかと思います。

最近では、小さな子どもにも、すぐに抗生物質を処方するようになったカノアの保健所。

保健所のなかった頃は、どこの家の庭先にも株分けされたハーブがあり、家で煎じる習慣があり、薬草などをうまく使いながら、村人たちは暮らしていたのです。

それは、治療というよりも、"予防"として、とても大切な役割を担っていたのではないかと思います。

それまでハーブやアロマにまったく興味がなかった私も、ユーカリのほかにもどんなハーブがいいのかな、と調べるようになりました。

例えば、村の漁師は漁に出たあとのお風呂は、必ずアロエで作った石鹸を使います。それはアロエにある炎症を抑える成分が、漁で日焼けした肌に効果的だからです。

そうした形で生活に様々な薬草や知恵、民間療法が生かされていました。

2008年には「味の素」の助成金をもらい、そうした記録や調査をすると、近くの森にはまだ薬草などが残っていることも分かりました。

残念ながらアナーリアさんは、2012年に92歳で亡くなってしまいました。

2018年、保育園の保護者のクレウという女性が、村に伝わるこうした民間治療法を失わないようにと、生きている高齢者の方から話を聞き、再現できる形で記録にまとめています。

私もその活動に共感し、一緒に活動しています。

カノア保育園では、設立当初から村のおじいさんやおばあさんたちから話を聞いたり、遊びを教えてもらったり、一緒におもちゃを作ったりしてきました。

そして最近では、森にある薬草を教えてもらったり、それの使い方などを指導してもらっています。

今、まだ目の前に残っているこうした薬草などを知ることで、子どもたちが健やかに育っていくことに役立てれば嬉しいと、強く感じています。

村にある薬草

カジュー

カシューナッツ

大型遊具に挑戦する娘 ◇◇◇◇◇◇◇◇◇◇◇◇◇◇◇◇◇◇◇◇◇◇◇◇◇◇◇

美莉亜がようやく歩き始めたとき、私は村にある小さな公園に娘を連れていきました。そこには新しく作られたピラミッド型の遊具があり、子どもたちは夢中になって遊んでいます。

雲梯を伝って上に登ると、真ん中に開いている穴には綱があり、下に降りることができ、反対側には滑り台があるという遊具でした。広くなっているところまでは高さ2m以上。歩き始めたばかりの娘が遊ぶには危険と思われました。

しかし我が娘。みんなと一緒にその遊具の方に歩いていき、雲梯に手と足をかけたのです。驚いた私は、走って美莉亜をおろそうとしました。

そのとき、隣にいたイレーニが、こう言ったのです。

「あの子は今、自分ができると思って挑戦しているの。確かに危ないかもしれない。でも、今、あの子の気持ちを無視しておろしてしまったら、あの子は二度とこの遊具に挑戦することはないかもしれない。私たちは、落ちてもケガしないようにそばで見守ってあげること。それしかできないのよ」

私はその言葉に衝撃を受けました。

確かに、危ないと止めるのは簡単です。でも、そのたった一度の行為が、娘の勇気を、挑戦するという心を奪ってしまうかもしれない。

そこで私は、雲梯のそばに行き、落ちたら捕まえることができるようにと構えていました。

美莉亜は雲梯に手と足をかけ、一歩一歩進んでいたのですが、安定しなかったのか、一度足を踏み外しそうになりました。すると、手の位置を端の枠に変え、体を安定させるように体勢を変えたのです。それを見た私は、

「あのとき、美莉亜をおろしていたら、あの子はこういうことも体験することができなかっただろう」そう思いました。

そして、美莉亜は上に無事たどり着き、穴に落ちることなく上手に迂回。そして、見事に滑り台でおりてきました。

そのときの美莉亜の笑顔は、今でも忘れることができません。

日本人であることを
忘れての暮らし

カノアで保育園を作るということに
なったとき、ウテ・クレーマーさんか
ら一つ言われたことが、今でも心に残っています。

「真由美、あなたは日本人。現地の人たちとは違う。それでも、村の人たちの気持
ちが分からなければ、保育園を作って欲しいという彼らの気持ちを汲み取った活動
はできないだろうし、彼らに受け入れられないだろう。だからこそ、できるだけ村
の人たちと同じ暮らしをするように心がけるんだよ」

その言葉を胸に、努めて私は日本人であることを忘れようと肝に銘じていました。

この気持ちは、結婚することでさらに増していきました。

しかし、子どもが生まれ、子育てをするようになると、

「私だけならいい。でも、娘たちはどうなんだろう？」

と、どこか疑問に感じることが多くなってきました。

娘が1歳半になった頃、エステーヴァン村に、初めて日本人の川原翼君という大学
生ボランティアがやってきました。

彼はブラジルで生まれ、1歳になった頃に日本に戻ったそうです。

大学生となった彼は、自分のルーツでもあるブラジルを訪ねてやってきました。彼はブ
ラジル国籍を持っていたので、ブラジルでは"ブラジル人"として生活していました。

そんな彼がこう言ったのです。

「日本人として、何かできないかな？　僕は"よさこいソーラン"を踊ることがで
きるから、ぜひ子どもたちに教えたい！」

よさこいソーランは漁師の踊りなので、漁の動きが取り入れられています。この村
の人たちにとっては、とてもなじみのあるものでした。

彼の提案を受け、私たちはこの村で初めて、「日本祭」を行うことにしました。

日本の文化を知ってもらいたい。日本のことを好きになって欲しい。

そう願う彼に対して、応援しながらも、「日本人であることを忘れて」と過ごしていた私には、どこかもやもやするものがありました。

私は村の保育園で折り紙や習字などの日本文化を伝えるということは、一切やっていませんでした。ウテさんの教えのままに、村の人たちのように考えなければいけないし、私もそうなるべきだと考えていたのです。
でも実際は無理があって、私自身苦しいと思うこともありました。

しかし今回、日本祭の準備や、"よさこいソーラン"を子どもたちに教えている彼の姿をそばで見ていくうちに、日本人であることを忘れる必要はないのではないか、と考え始めていました。
子どもたちも初めての体験が新鮮で面白くて、学童教室でもあちこちから子どもが集まってきて、脇で踊り始めるほどでした。
触れたことのないものに触れるというのは、やっぱり楽しいことなんだなと目の前で気づかせてもらえました。

私は日本人で、日本で生まれ育った。そんな私自身を否定するような暮らしをする必要はない。日本人の良さもあり、この村からも学んでいく。そんな姿勢でいることの方が、大切なのではないか？　無理に自分を押し込める方が不自然なのではないか？
こうして私は「日本人であることを忘れて」ではなく、「日本人である自分と、エステーヴァン村で暮らす自分」
という二つの自分を大切にしていきたい、そうすることで伝えられるものがあると思えるようになりました。

公園デビュー　in 日本

長女の美莉亜を連れて日本に帰国した
ときのこと。当時、「公園デビュー」
という言葉をよく耳にしていました。
近所の公園に行くと、親子がグループ
になっていて、一つの公園を使って子
どもを遊ばせている……というより、
それぞれのグループがうまく、ロー
テーションを回しながら、ブランコや
滑り台などで遊ばせている。
子どもが自分の好きな場所で自由に遊
んでいるのではなく、すべてがコント
ロールされているような感じ。
私には、それは何とも不自然に映りま
した。
「何だ、これは？」
それが正直な気持ちでした。しかし私
は短期間そこにいるだけの存在。どこ
のグループに属するということもなく、
美莉亜を連れて公園に行っていました。

ある日、美莉亜が砂場で遊んでいると、
同じ年くらいの男の子を連れた親子が
やってきました。
2歳の美莉亜は砂場道具を持っておら
ず、木の枝や葉っぱ、石など、近くに
あるものを使いながら、楽しそうに
ケーキを作っていました。

しばらくして、男の子が母親に言われ
たのか、砂場道具を手に美莉亜のそば
にやってきました。
「これ、貸してあげる」
「いらない。こっちの方が楽しいも
ん」と美莉亜は手に持っていた葉っぱ
と小枝をその男の子に見せたのです。
すると男の子はそのまま、母親の元へ
と戻って、美莉亜がいらないと言った
ことを伝えていました。
「何て失礼な子なの！　こんな子と一
緒の場所では遊べないわ。他のところ
に行きましょう！」
と、怒った母親はその男の子を連れて
砂場を出ていってしまいました。
あっけにとられていた私は、一言も発
することができず、ただその後ろ姿を
見つめていました。
ふと美莉亜の方を見ると、なんと楽し
そうに遊んでいたことでしょう！
この日の出来事は、今でも強く印象に
残っています。

初めての歯医者

私も娘も日本で医療機関を受診し、ブラジルでは予防に努めていました。

あるとき、美莉亜の前歯が磨いてもきれいにならず、自宅近くの歯医者に連れていきました。
歯医者には独特の雰囲気とにおいがあります。そして、あの機械音。
しかし、美莉亜は気にした様子もなく絵本を読んでいたので、安心していました。
ところがなんと、先生が口の中を見るために手を入れた瞬間、美莉亜は思い切り歯医者さんの指を噛み、裸足のまま飛び出してしまったのです！
私はあまりに驚き、「痛たぁ〜！」と言っている歯医者さんを横目に、美莉亜のあとを追いかけました。
その足の速いこと！
あとから聞くと、美莉亜は「いつ逃げ出そうか」と思っていたそうです。

その後、私は「小児歯科専門医」がいることを知り、近くの専門医に美莉亜を連れていきました。
先生は、前の歯医者の話を面白おかしくする美莉亜に対し、「それは嫌だったねぇ〜」と、笑顔で接してくれました。

美莉亜はこの歯医者さんを信頼し、長らくお世話になることになりました。
美莉亜の虫歯の原因。
それは、「果汁飲料」でした。
私はブラジルでの野菜不足を補うため、果物を積極的に美莉亜に与えていました。
しかし、同じ栄養素とはいえ、果物やジュースには高い糖分があります。
加えて、美莉亜は体質により、歯磨きをしていても虫歯になりやすいとのこと。これには驚きました。
そうした説明を受け、ブラジルにいるときの過ごし方や、ケアの方法を指導をしてもらったおかげで、美莉亜も今では立派な永久歯が生えてきました。

さて、一度だけ、ブラジルの歯医者さんに行ったときのこと。
「あっ、虫歯かな？　抜いちゃいましょうか？」
これにはびっくり！
公立の無料医療では、未だに虫歯の治療が難しいため、抜歯の方針があるようです。今では多くの場合、治療してくれるようになったそうですが、それでもブラジルでは、なるべく医者にかからないようにと、心がけて生活しています。

二人のママ友

結婚するまでは、村に保育園を作りに来た日本人。結婚してからは、村の人と結婚した人。そして、村で子どもを育てている人。

私はエステーヴァン村の中で、自分自身の立場が移り変わっていくのを感じていました。それでも、村の人たちは初めてこの村を訪れたときのように、笑顔で温かく私を包んでくれています。

しかし、日本人の私に、どこか遠慮しているようにも思えました。義母にしても、「日本で生まれ育ったあなたは、文化や育ってきた環境も違う。だから、自分が思うままで大丈夫だよ」と、言ってくれてはいました。

ありがたかったと同時に、どんなに頑張っても、村の人にはなれないのかなと、寂しくさせられる一言でもありました。

そして長女の美莉亜が生まれました。

彼女が生まれた翌月、2人の赤ちゃんが村で誕生しました。

一人は我が家のすぐ裏に住んでいた男の子、「ペドロ（Pedro）」。

彼は4人兄弟の末っ子で、この兄弟の長男がブルーノ。兄弟の父親はそれぞれ異なっているという、難しい家庭環境の子どもでした。

母親は私の1歳上のビーア。

彼らは曾祖父母の家に住んでいたのですが、子どもを産むとすぐに、夜になると売春に行ってしまう母親の元では生活も成り立たず、祖父母と兄弟が面倒を見ていました。長い付き合いのあるこの家族のために、私は何かできないかと考えていたのですが、どうすればよいのか分からず、頼りにしていたのはいつも曾祖父の「マデウスさん（Sr. Amadeus）」でした。

娘が生まれた翌月にペドロが生まれたということもあり、私はビーアに、ペドロを連れて我が家に遊びに来るように声をかけました。

バルコニーで美莉亜を寝かしつけていると、ペドロを抱いたビーアが通りかかり、「一緒に寝かせてあげてもいい？」と声をかけてきたのです。

「どうぞ！」と誘い、そこから、予防接種のこと、食事のこと、言葉かけのこと、生活のリズムのことなど、彼女の質問に答えながら、毎日話すようになりました。それまで年配の人か、子どもと付き合うことが多く、同世代の付き合いがなかったので、とても嬉しく思いました。子どもを介して信頼関係ができていくのを実感し、「あ、これママ友かも」と思えたのです。

これをきっかけに、ビーアの子どもへの接し方は日に日に変わっていき、ペドロだけではなく、兄弟たちへの接し方も変化が見られるようになりました。

それでも、彼女自身の生活は変わらず、どうしてもそこを変えていくことは難しく、私はもどかしい気持ちも抱えていました。

「無理しても仕方がない。子どもたちが今より少しでも幸せになってくれるなら」と気持ちを納得させながら、見守ることにしました。

2012/10/12

もう一人は「カウエ（Kaue）」という男の子の母親でホジレーニの姉でもある、ホズィーニャ（Rosinha）です。

カウエは生まれながらに障害があり、それは接していくなかで確信となりました。首が座らず、言葉も発しない。体は柔らかく、娘たちが寝返りをうつ頃にもまだ寝たきりの状態でした。

子どもの発達について話してみるものの、良くも悪くもブラジルでは、

「子どもは一人一人違うからね」

で片づけられてしまい、重要視してくれませんでした。

このときに、もう少し強くホズィーニャを説得できていたら、早い段階で専門医に見てもらうことができていたら、とずっと後悔の念がありました。

カウエが15歳になったある日、ホズィーニャと話をする機会がありました。

「小さな頃から周りには友だちがいて、みんながカウエと分け隔てなく遊んでくれた。それが、彼の自信となり、こうして小・中学校へと通うこともできた。ありがとう」と言ってくれました。

その言葉に私は救われました。

「専門医への受診を進めるかどうか迷い、結局それをしなかった自分」をずっと責め続けていたのです。

しかし今、彼は身体には問題はなく、ただ、重度の知的障害（学習障害を含む）が見られるものの、彼と母親がこうして幸せに暮らしている。その事実があることを心にとどめ、私は前に進んでいこうと思ったのでした。

こうして私は初めて、ブラジルで2人のママ友ができました。

子どもを通じて、今までとは異なる信頼関係を作ることができました。

それは、私自身が子どもを産み育てたからこそ経験できたことなのではないかと、強く感じています。

次女の誕生

長女が生まれてから3年半が経ち、次女が誕生しました。

長女のときにお世話になった助産師のファウスチーナさんに関わってもらうことになり、前回同様、彼女を中心にした妊婦健診と、産婦人科医の先生にも引き続きお願いしながら、出産に臨むことになりました。

マルシアーノもまた、すべての妊婦健診に同伴してくれました。

予定日近くでしたが、出産の用意もせず、妊婦健診へと向かうと、診察した医師は驚いた顔で、

「真由美、よくここまで歩いてこられたね。もうすぐ赤ちゃんが生まれそうだ。今すぐ、産院へ向かうんだ！ ここから歩いていけば、それがいい運動になって、出産も楽になるかもしれないね。ゆっくりでいいから、歩いていきな！」

「え〜っ！」

産院へ着くと、看護師さんは診るなり、

「あら大変！ 産まれちゃうわ！」

そこに、カバンを斜め掛けにしたマルシアーノが到着。私はありがとうと言う暇もなく、こう叫んだのです。

「やばい、もう産まれちゃう！ 早く助産師さんを呼んできて！」

そう叫んだ直後、次女は生まれてきました。分娩室に行く暇もなく、ベッドの上で。

あたふたとしている彼をよそに、

「おっ、もう産まれたんだね。おめでとう！ 君はお父さんかな？ へその緒を切るかい？」

そう言われ、その場でへその緒を切ったマルシアーノ。

次女は丸々と元気な子で、名前を「真琳」と名付けました。

MARIN、「海」という意味を込めて。

私たちは4人家族となったのです。

2008年1月のことでした。

村の変化

エステーヴァン村でも大きな変化がありました。

次女が生まれる3ヵ月前、村の若手漁師のなかでも1番と言われ、若者たちから尊敬や憧れののまなざしで見られている、マルシアーノのいとこのザジーニャ（Zazinha）に、男の子が生まれたのです。

以前、彼はマルシアーノが家事をしたり妊婦検診に同伴することに、強い抵抗を示していました。しかし、彼自身に子どもができたとき、奥さんがアルゼンチン人ということもあったのか、すべての妊婦健診に同伴し、なんと、マルシアーノに相談さえしていたのです。そして、出産にも立ち会いたいと交渉し、立ち会い出産が実現しました。村に戻った彼は、息子のへその緒を切ったことを、武勇伝のように村中で語りました。

「たった3年の月日が、彼をこんなにも変えるのか！」

私は本当に驚きました。

彼が、このように変わってきたとき、村の若者たちの態度や考え方にも大きな変化が見られ始めました。それは、世の中が変わっていくなかで、必要な変化であったのではないかと強く感じています。そしてこのことは、その後の村での女性の立場を大きく変えるきっかけともなりました。

村の人たちはとにかくポジティブで、ケ・セラ・セラ、明日は明日の風が吹くというのを信条にしている。その考え方を、うらやましいなと思ったりもする。あの半分くらいでも自分のモチベーションになれば、生きていくのがとても楽になるだろうなと。

オン・オフの切り替えも見事。マルシアーノは週末に仕事は絶対に持ち込まない。私はそれが非常に苦手だ。あのあとあの子はどうしただろうか、と家でも仕事のことを考えてしまうので、いつも見習いたいと思っている。

自然の流れに沿って暮らす良さを少しずつ感じるようになった。かつてブラジルでは、シエスタの習慣があり、10〜14時は家に戻って休んでいた。常夏の村の日中はすごく暑く、ちょうど疲れてくるその時間帯に木陰で寝ると、体調が非常に良くなる。マルシアーノもしないと体が悲鳴を上げると言う。私は、昼寝をし過ぎて夜が眠れなくなるので、しないようにしていたが、やってみるとこちらの気候に合うと感じた。その習慣がついてしまったので、

日本でも12時くらいになったら、できるだけ家に戻って休むようにしている。

村に初めてテレビがやってきたのは両親の家。しかし、電気がきていない。車のバッテリーにつないでその電力でテレビをつけた。
バッテリーが持つのは30分。つないだテレビを窓辺に置いて、村中の人がその前にやってきて映画みたいに見た。サッカーを見たがる男性陣、連ドラを見たがる女性陣、日本の戦隊モノを見たがる子どもたち。そこでは熾烈なチャンネル争いが……。

特別な日曜日

お父さんが漁師だったマルシアーノ家では、日々の食事は魚ばかりでした。しかし日曜日だけは、朝教会に行き、お昼には放し飼いにしている鶏を絞め、鶏肉を食べるという贅沢な日だったようです。

そして今は、毎週日曜日は祖父母の日。娘たちは朝から祖父母の家に行き、夕方までを過ごします。

8割がカトリック教徒というこの地域では、生後1ヵ月に洗礼を受けます。美莉亜の祖父母はカトリック教徒。しかし私はカトリック教徒ではないので、将来娘自身が選ぶことができるよう、生後1ヵ月の洗礼はしませんでした。

私にとっては夕方のコーヒーブレイクが義父母と過ごす時間。夕方になると義母宅を訪れ、コーヒーを一緒に飲みながら、村のこと、仕事のこと、子育てのことなど、様々なことを義母と話すようになりました。

それは、変わらない習慣であり、大切な時間でした。それが保育園や学童教室の活動に役立っていると、心から思うのです。

ルシアーノさんの還暦のお祝い

❄ コーヒーブレイクの宝物 ❄

※サッカーの話

ブラジルにはどんなところにもサッカーコートがある。エステーヴァン村も例外ではない。昔は２本の柱を立てて、その間がゴール代わり。服をぐるぐるに丸めたものをボール代わりにしていた。毎日夕方17時になると村に笛が鳴り響き、13歳から60歳くらいまでの男たちが集まって二手に分かれてサッカーが始まる。子どもたちは子どもたちだけでサッカーをしている。

※満月の夜の昔話

昔は電気がなく、明かりをつけるのも貴重なので、日暮れとともに寝ていた。ところが、満月の日だけは夜更かしをしていいという決まりがあった。満月の下、お年寄りが昔話や伝承話をしていたという。

＝伝承民話：サッシペレレ（Saci-pererê）＝

サッシペレレは、人にいたずらをすることが大好きな森に棲んでいる男の子。１メートルくらいの小さな身長で、肌の色は黒く、足が一本しかありませんが、とっても足が速いのです。いつも赤いとんがり帽子をかぶって、パイプをくわえて、行く先々でいたずらを仕掛けていきます。

変な歌声が聞こえたと思ったら、通りすがりの旅人の帽子が飛ばされたり、車が止められたりと大騒ぎ！ 勝手に家の中に入り込み、作っていた料理を焦がしたり、物がなくなったり、電気がついたり消えたり。夜になると馬を探し、その血を吸ったり、たてがみを三つ編みにしたり……彼が通り過ぎたところは埃が舞い、ごみが散らかります。サッシは77歳まで生きて、その後、キノコに生まれ変わったそうです。彼の話は誰でも作ることができ、家庭で色々な形で話されます。嫌なことを全部忘れるために、自分の逃げ場を作るために、彼を使うことができるのです。

マルシアーノもお父さんによくサッシの話を聞かされたそうです。つまみ食いやいたずらをしたり、登っちゃダメな木に登ったら、「サッシ・ペレレが来るよ！」と言われたり、翌日の朝にお母さんから「あれ？ 台所がおかしいわ。サッシが来たのかしら！」と言われたりしたそうです。

日本語とポルトガル語の中で生きる

バイリンガルの子ども

結婚する頃には、私はポルトガル語での生活も、仕事も問題なく過ごせるようになっていました。しかし、子どもが生まれ、ブラジルと日本の2つの言語の世界で生活していく暮らし方について考え始めていました。

母語と呼べるものをしっかりと確立することのほうが、先なのではないか、日本語で娘に言葉かけをすることは、美莉亜を混乱させるのではないか、と思い悩んでいました。

そこで私は、日常的にはポルトガル語で話し、本の読み聞かせや歌などは、日本語でするという方法をとることにしました。

美莉亜が2歳になり、言葉の数も増え、おしゃべりを楽しんでいた頃、日本にまた帰国し1ヵ月ほど滞在しました。

そのとき美莉亜は熱を出し、言葉をまったくしゃべらなくなったのです。幸い熱は1日で下がりましたが、食事も睡眠もとっているにもかかわらず、頬はやせこけ、青白い顔をし、どこから見ても、体調を崩している子どもにしか見えません。

そんな状態が丸1ヵ月間続いた頃でしょうか。

突然、美莉亜が流暢な日本語で話し始めたのです。

このとき、私の母が言いました。

「見てごらん。あの子は自分自身で、日本語でコミュニケーションをとろうと頑張った。あなたは母親として、日本語で話し続ける必要があるんじゃないの？」と。

私は美莉亜が混乱しないようにと、あえて日本語で話しかけることをしていませんでした。それが彼女に苦しい体験をさせることになっていたのです。

この日以降、私は美莉亜と話をするときには、日本語で話すことにしました。

美莉亜が15歳となった今では、私の母国語の日本語で話ができることが、どれほど大切なことかに気づかされます。

どんなにポルトガル語を上手に話せるようになっても、私の気持ち、伝えたいことはやはり、日本語のほうがきちんと伝わると実感しています。

２つの言語の中で

その後、私自身はどこの場所にいても、娘たちとは日本語で話すようになりました。ブラジルでの我が家の会話は、ほとんど日本語。日本語の分からないマルシアーノは当初、私たちの会話を聞きながら、簡単な言葉を繰り返し、意味を聞き、日本語を学ぼうと努力していました。

しかし、３歳頃になった美莉亜が、こんなことを言ったのです。

「パパはブラジル人でしょ？　日本語を話しちゃだめだよ。ポルトガル語で話して！」

そう言われて彼は、日本語を話すことはなくなりました。長い間一緒に暮らしているので、私たちが日常的に話している言葉は、理解していることもあるようです。

「ほら。ママがお風呂に入れって言ってるよ！」という風に、彼は私が言っていることを、娘にポルトガル語で伝えることがあります。

美莉亜が父親に対して「日本語を話さないで！」と言った本当の意味は分かりませんが、彼女が２つの言語を使い分けるとき、父親とはポルトガル語、母親とは日本語と思っていたのではないかと考えています。

だからこそ、娘に言われた彼は、寂しそうな顔をしながらも、その後、日本語を繰り返して言う、ということはなくなりました。

「日本語ばかりで話している中に、一人でいるのって寂しくない？」

と彼に聞いたことがありました。

「そりゃぁ、寂しいよ。でも、美莉亜から言われたらしょうがないよね。小さな体で、２つの国の種を持って生きているんだから。その種を育てていくためには、僕には分からない大変なことがあるのかもしれない。そう思うと、それを受け入れて、見守っていくことしかできないからね」

その言葉に、彼の決意を感じたような気がしました。

そして、その言葉に私自身も救われたことも事実です。

こうして、次女の真琳が生まれたときにはすでに、父親とはポルトガル語、母親とは日本語、という言語の使い分けが成立しており、美莉亜のときのように混乱することなく、２つの言葉の中で生きていくことができているようでした。

しかし言語とは不思議なもので、美莉亜の場合、２つの言語が同じように並行して存在し、必要に応じて使い分けているようでした。
彼女は父親とポルトガル語で話しながら、振り向いて、後ろにいる私と日本語で話すのです。まるで、スイッチが切り替わるかのように。それは私にとって、とても不思議な光景でした。

私も今ではポルトガル語に不自由はしませんが、自分の考えをまとめるときなどは日本語で考え、それをポルトガル語で伝えるという感覚でいます。
以前ほど"訳す"という感じではないものの、どこかでやはり、「私の母語は日本語なのだ」と感じるのです。
しかし美莉亜は、２つの言語を頭の中で同じくらい両方持っていて、その場に応じて、使っているように思えます。

逆に真琳は、言葉を話し始めたとき、日本語のほうが先でした。
日本からブラジルに戻ると、保育園などで周りがポルトガル語で話していても、真琳は日本語で話します。ただ、周りのお友だちや先生の言っていることは分かるので、自分では日本語で返事をしているという感覚はないようでした。
そのことを知っている先生や周りの子どもたちは、そんな真琳をそのまま受け入れ、
「また来週になればポルトガル語で話すようになってるよ」
と、自然と接してくれました。
その通りで、いつの間にか彼女の返事はポルトガル語へと変わっているのです。
それは、「今から変わるぞ！」というのではなく、彼女自身も知らないうちに、という感じでした。

また、美莉亜は生まれてからずっと、時差ボケというものをしたことがありません。

ブラジルから日本に向かうその日、彼女が自分で
詰めたリュックサックを背負ったその瞬間、雰囲
気や顔つきが変わり、
「あ、今スイッチが日本に切り替わったな」
と感じます。
彼女自身が、ブラジル人から日本人へと変わって
いるような気がしました。
彼女はそうして、時差ボケもなく、言葉を引きず
ることもなく、2つの国の中で暮らしていたようです。
本人に聞いても意識したことはないそうですが、それほど自然に年齢を重ねるうち
に身につけていったようでした。

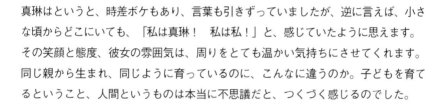

真琳はというと、時差ボケもあり、言葉も引きずっていましたが、逆に言えば、小さ
な頃からどこにいても、「私は真琳！　私は私！」と、感じていたように思えます。
その笑顔と態度、彼女の雰囲気は、周りをとても温かい気持ちにさせてくれます。
同じ親から生まれ、同じように育っているのに、こんなに違うのか。子どもを育て
るということ、人間というものは本当に不思議だと、つくづく感じるのでした。

彼女たちは単に言葉を話すというだけでなく、2つの言葉の裏に隠された背景（文
化や人種など）を理解し、言葉を使っているようです。
2つの国を行き来し、2つの学校に通っていることで、単に日常会話としての言語
ではなく、2つの言葉を習得していったようでした。

私は彼女たちが生まれてから、美莉亜が小学校を卒業するまで、寝る前に本を読み
聞かせてきました。話し言葉ではなく、こうした本の読み聞かせから、言葉を獲得
していく。それは、とても大切なものだったのだと、今では心からそう思います。

みんな違うから、それがいい！

ブラジルは、多民族国家と言われるほど、様々な人種や文化が混ざり合っている国です。肌の色も、髪の色も、癖も、何もかもが異なり、同じ人を探すほうが難しいほどです。

こうしたなかで生まれ育った娘たちは、いろいろな人がいるのが当たり前という感覚があり、見た目だけではなく、性格や特技など、私たちが"個性"と呼んでいるものが、誰にでも備わっていることを感じ取っているようでした。

「みんないいところも悪いところもあるんだから、嫌なら一緒にいなければいい。でもその子がそこにいることは認めてあげないと」。

「こうしなければいけない」というのではなく、

「今、どうしたほうが良いのか」という考え方で、

「みんなが一緒の考えだったら面白くないじゃん！　違うから面白いんだよ！」と。

日本の中で娘たちはうまく育っていくことができるのだろうか？　と、心配していた時期もありました。

長女が日本の小学校5年生のとき、担任の先生との面談で、

「先日の学級会の出来事ですが、いつもなら、クラスの一定の子どもが意見を言って、それにみんなが賛同して、10分くらいで話し合いは終わってしまうんです。でも、美莉亜さんがクラスに来て、変わりました」

悪い心配をした私は、

「どんなふうに変わったのですか？」と問うと、

「美莉亜さんが、手をあげて、反対意見を言ったんです。すると、『あたしもそう思っていた』という他の子どもが出てきて議論を交わし始めたんです。いつもなら、すぐに終わってしまう学級会が、この日はなかなか終わりませんでした。

その日以来、クラスのみんなが、自分たちも意見を言っていいのだという雰囲気になり、議論を交わすことのできるクラスになりました。美莉亜さんがいてくれて、本当に良かったです」

先生のその言葉に、私は心から安心しました。

村の多様性

エステーヴァンではゲイやレズビアンの人が結構普通にいて、パートナーと暮らしていたりします。義両親の話によると、昔はエステーヴァンも同性愛に対しての目は厳しかったそうです。ところが、何故か同性愛の人たちがよく村に集まってきたこともあって、いつの間にかマイノリティではなくなり、よくあることとして受け入れられるようになったようです。「カノアに行けば世界中で見えることが何でも体験できる」とは、あるブラジル人の言葉です。

村の環境問題

風力発電がやってきた

2007年。エステーヴァン村に風力発電のための風車を設置する計画が伝えられました。

セアラ州では「原発と異なる自然を破壊しない、きれいなエネルギー（Energia Limpa）」という謳い文句で、風力発電や太陽光発電の開発を推進していました。その開発地の一つに私たちの村が選ばれたのです。

村人によると、この地域には豊富な水脈があるそうです。

しかも常夏で、雨季と乾季があるものの、スコールのような雨が一日中降り続くのではなく、夜中から朝方にかけて、数日降る程度。そのわずかな雨を、この砂丘は地下に蓄え、その上に広がる森の栄養としているのです。

この村の人たちにとって森は、「自分たちの生命の源」なのだという言葉を聞いたことがあります。

風車の設置予定地は村からわずか250mの砂丘。そこから広がる森林を切り拓き、地上90mの巨大風車が全部でなんと74基設置するとのこと。

この想像を超えた規模と近さの計画に、住民協会のなかでも意見は分かれました。

そもそもみんなも私も、風力発電について分からないことばかりです。

私は風力発電自体には反対ではありませんでしたが、自然に優しいはずの風力発電が、村の生命線である森を伐採して設置されるということが、ショックでした。

私はまず風力発電について、しっかりと調べることにしました。

そこで相談したのが、村に住んでいたオランダ人の女性ネウキさん。
オランダといえば、風力発電の先進国です。
彼女と協力して、オランダや日本の風力発電に関する論文や報告書を読んだり、国立セアラ州大学の環境分野の教授に話を聞きに行ったりするうちに、風力発電の様々なデメリットが分かってきました。

設置場所の大規模な森林伐採。地中深くに入れる、巨大風車の支柱による水脈分断。近隣住民への騒音・振動被害。電磁波の影響とみられる鬱病患者の増加などを報告しているものもありました。
さらに、それらを防ぐために、オランダなどでは「人家から一定の距離を設ける」といった条例があるのに、ブラジルではそういったものがまったくないことも分かりました。このままなし崩し的に決まってはまずい！

「もう決まったことだ。すべての許可は取ってある」
と、設置会社は伝えてきました。それでも、
「私たちには知る権利がある！　話を聞かせて欲しい！」
と、設置会社と州政府に訴えました。
州政府には、「開発地区の住民に対して説明義務がある」ため、訴えを無視できず、住民説明会が開かれることになりました。

説明会当日。主に調査や準備をしていた私とネウキさんが代表で、設置会社や州政府の代表者に、質問や交渉をしていきました。
「このエステーヴァン村は砂丘まで含めて、環境保護地域として指定されていますが、風車を作るのは、環境保護法に引っかかりませんか？」
「すでに保護法の管轄である州の機関に話は通してあります。書類もありますよ」

「風車からは騒音や振動が出るというデータがあります。他国の事例を照らし合わせても、設置予定地はあまりにも民家に近すぎます。それに、私たちが生活のために立ち入る森林も伐採されると困ります」

「しかし、設置することはもう決まっています。ゼロにするということはあり得ません。他の地域では、貴方たちの想像もできない数の風力発電が、すでに設置され始めているんですよ」

州政府が主導となっている計画のため、どんなことがあっても実行されるとのことです。

「こちら側も、そうした地域住民の方々たちに『今どんなものが必要ですか』という話をさせていただいていまして。例えば、ある地域では保育園が必要だと聞いたので、こちらで建物を建てさせていただきました。別の地域では、舗装された道路を引いたこともありましたよ」

「私たちはそういうものは一切いらないです。その代わり私たちの暮らしに配慮して欲しいんです。

仮に設置するとしても、民家からは最低限もっと距離をとる必要があるんじゃないですか？　それに許可があったとしても、ここは環境保護地域です。森林をそんなに伐採せずに済む数や設置場所を検討できませんか？」

私たちは事前に調べたデータ、特にオランダの実施例、法律や各地域の条例、その後の現状を示しながら質問や提案をしていきました。

「そういえば、風車の設置には水脈を分断してしまう危険性があるそうですけど、予定地の水脈調査はしたんですか？」

「いいえ、しておりません」

なんと、風力発電を設置する際に必要とされている水脈調査を、まったくしていなかったのです。そしてそこが、この交渉の重要なポイントでした。

「あの隣にあるカノアの観光地には、エステーヴァン村の水脈から汲み上げた水を配水してるんですよ。ホテルの水も商店の水も全部。こっちの風車が水脈に影響して枯渇すると、向こうの水もなくなっちゃいますけど、いいんですか？」

「……それは、ちゃんと調べたほうがいいですね」

担当者がにわかに慌て始めたのが分かりました。

実は、エステーヴァン村には豊かな水脈が流れていますが、観光地がある辺りにはまったく水脈がありません。

そしてアラカチ市の経済は、カノア・ケブラーダに頼っているところが大きく、これからの発展を見込んで行政も投資をしていたのでした。

"村の人が困る"という話だけでは済まないと分かり、水脈の調査が決まりました。

その後も何度か話し合いが持たれ、風車の設置数が多いほど水脈に影響を与えるリスクが高まることなどを訴え、交渉を繰り返しました。

最終的に、その数は当初の74基から5基までと、大幅に減らすことができたのでした。

さらに、村から一番近い砂丘の上だった予定地が、森を挟んださらにもう1つ奥の砂丘の上にまで離されることになったのです。

ゼロにするということはかないませんでしたが、動いたことが実を結んだという想いがありました。

2008年。2基の風力発電が砂丘の上に設置されました。

まだ稼働前だったので、私たちは子どもたちを連れて見学に行きました。

今では5基すべてが設置され、その周辺は立ち入り禁止となったため、砂丘に近づくこともできなくなりました。

砂丘にかかっていた森林の少なくない範囲が伐採されました。その影響でしょうか。風の季節になると砂丘の砂が流れて、カノア地区に入るまでの公道が寸断されることが起きるようになりました。対策として森林を伐採した場所は赤土で砂を固めるなどはしていたにもかかわらずです。

「やっぱり森を伐採したからだね。きっとあそこは防砂林の役目をしていたんだよ」

今でも村の人たちはそう話します。

風力発電が稼働し始めた頃、立地が良いのか5基でも非常に発電力が高い我が村の風車。

「村が発電場所を提供したんだから、電気料金が割引にならないのか」

住民協会でそんな話がのぼり、当時代表だった義母が聞きに行きました。

「割引なんてできませんよ。あの電気は隣の市に行っているんですから」

なんと私たちの村で作られた電気は、アラカチ市内にとどまらず、隣のイタイサーバ市まで売られていたというのです。

これはまったくの初耳でした。私たちは、どうにか風車を設置させない方針で交渉していたので、水脈を避けて数を減らしたところで落ち着いてしまい、作られた電気がどうなるかまでは、考えが及ばなかったのです。

州政府や設置会社としては都合が良かったことでしょう。

やはり交渉事においては、向こうは何枚も上手でした。

現在でも薪を取りに行ったり、果物の収穫や子どもたちの遊び場として欠かせない砂丘。これからは風力発電と共に生きていくことになります。

おわりに

ブラジルの地を踏んでから20年。今では、日本とブラジル。その2つの国が私にとっての故郷のようになっています。ブラジルで結婚し、家を建て、子どもを産み、育て、それでも私をブラジルと強く結びつけているのは、出会った子どもたちだと感じています。

カノア保育園を通じて出会ったブラジルの人たちだけでなく、日本にもお世話になった人たちがたくさんいます。当時はまだ20代前半と若く、失礼なことも、面倒をかけた人もいます。それでもなお、応援し続けてくださる人たちがいることに、心から感謝しています。

こうした人たちの支えがなければ、何度もあきらめかけたあのとき、日本へと戻り、今のような生活を送ることはなかったでしょう。

実は、カノア保育園を作ってから10年が経った頃、自分の歩んできた道をまとめようと、文章にしていました。しかし残念ながら本という形で出版することができず、今回、ようやく1冊の本としてまとめることができました。その想いを汲んでくださったサンパティックカフェの藤崎さよりさん、杏里さんに御礼申し上げます。

日本とブラジルを行き来しながらの生活を応援してくれた両親、妹、
「何かあったらいつでも帰ってくる場所がある。それを忘れないでね」
と言ってくれた母の言葉は、今でも私の心の支えとなっています。
そして、「自分の歩みをまとめてみたら？」と言ってくださった汐見稔幸
先生。10年前、先生の言葉がなければ、こうして1冊の本になることはな
かったことでしょう。
ブラジルでの活動を応援し、支えてくださったすべての皆様、ボランティア
として関わってくれ、今なお、手伝ってくれているみんな、NPO法人を立
ち上げるにあたって事務局を担ってくれた堀池眞輔さん、皆様のおかげで今
があります。本当にありがとうございます。
そして最後に、日本とブラジルを行き来する、私の生活の最大の理解者であ
る、愛すべきマルシアーノと2人の娘、美莉亜と真琳に心からありがとう！

2020年　7月

鈴木　真由美

鈴木　真由美（すずき　まゆみ）

1977年神奈川県横浜市生まれ。保育士。ブラジル・カノア保育園 園長。
2000年にブラジル北東部の小さな漁村エステーヴァン村で保育園の運営を始める。
2006年にカノアでの支援を目的にした「光の子どもたちの会」を設立（2015年
にNPO法人化）、代表となる。子どもの権利条約の委員としても、現地の地域力
向上を目指して活動中。ブラジルと日本を行き来しながら生活している。2児の母。

【NPO法人　光の子どもたちの会】

ブラジル北東部の小さな漁村で教育を通した活動を行っている団体。
子どもたちに対し、自らの将来を選択していくための「生きる力」を持てるように支援している。
http://criancasdeluz.org

<会員募集>
「光の子どもたちの会」は、皆様からの年会費や寄付金によって運営されています。
当法人の活動理念にご賛同いただける方のご参加・ご支援を随時募集しています。

<郵便振替>
口座番号：00280－1－41787　　加入者名：光の子どもたち－カノアの活動を支える会
<ゆうちょ銀行振込>
名義：光の子どもたちの会　　店名：〇二八(ゼロニハチ)　　店番：928　　普通預金　　口座番号：5552594

ブラジル 天使が舞い降りる村のカノア保育園
～ 21歳女性保育士、ブラジルの貧しい漁村に
　ひとり飛び込み保育園を作る！～

2020年8月20日　初版発行

著　者　鈴木真由美
発行者　藤崎さより
発行所　㈱サンパティック・カフェ
　　　　〒359-0042 埼玉県所沢市並木 7-1-13-102
　　　　TEL 04-2937-6660　FAX 04-2937-6661
　　　　E-mail : sympa.cafe@gmail.com

発売元　㈱星雲社
　　　　〒112-0005 東京都文京区水道 1-3-30
　　　　TEL 03-3868-3270　FAX 03-3868-6588

印刷・製本　シナノ書籍印刷㈱
ISBN978-4-434-27913-3 C0095

イラスト　　　　　ミリア
ブックデザイン　　藤崎杏里